EIGEL WIESE

BLANKENESE

Seefahrer, Schmuggler und Lotsen

Ein Gesamtverzeichnis der lieferbaren Titel
schicken wir Ihnen gerne zu.
Bitte senden Sie eine E-Mail mit Ihrer Adresse an:
vertrieb@koehler-books.de
Sie finden uns auch im Internet unter:
www.koehler-books.de

Bibliografische Information der Deutschen Nationalbibliothek
Die Deutsche Nationalbibliothek verzeichnet diese
Publikation in der Deutschen Nationalbibliografie;
detaillierte bibliografische Daten sind im Internet über
http://dnb.d-nb.de abrufbar.

ISBN 978-3-7822-1230-4
Koehlers Verlagsgesellschaft, Hamburg

Produktion: Nicole Laka
Druck und Bindung: Reálszisztéma Dabas Druckerei AG, Ungarn

EIGEL WIESE

BLANKENESE

Seefahrer, Schmuggler und Lotsen

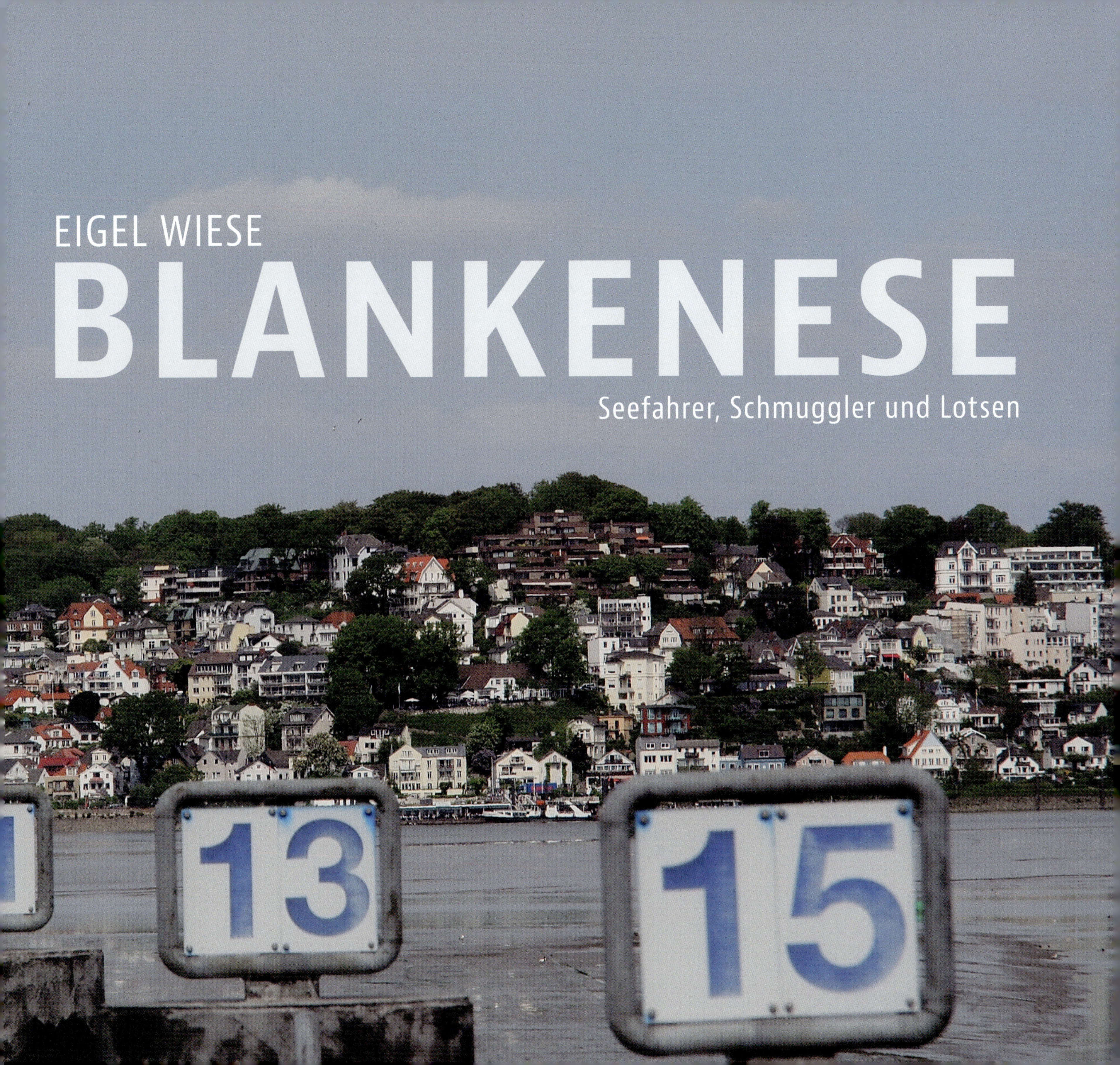

Für meine Tochter Svenja

Inhalt

DAS ENTSTEHEN EINER BLANKENESER FOTOSAMMLUNG

Blankenese zieht Menschen in seinen Bann. Das erging auch meinem Vater Heinrich von Appen so, der am Strandweg unmittelbar an der Elbe aufgewachsen ist. Er besuchte die Gorch-Fock-Schule und lernte anschließend im Treppenviertel bei einem Schlossermeister sein Handwerk. Schon früh wurde er Mitglied im Blankeneser Segel-Club. Die Piratenjolle, mit der er auf der Elbe segelte, hatte er selbst gebaut.

Nebenher sammelte er alte Bilder und Postkarten aus Blankenese. Das begann zunächst mit einem Familienalbum. Dann erweiterte er seine Sammlung um Fotos rund um das Bergungsunternehmen Harmstorf, bei dem er nach dem Krieg jahrelang selbst tätig war und auch bei Bergungen mitarbeitete. Es folgten die Ausbildung zum Schlossermeister und die Übernahme eines eigenen Betriebs, der viele Kunden im Blankeneser Hanggebiet hatte. Unter denen hatte sich bald herumgesprochen, dass von Appen alte Blankenese-Fotos sammelte. Und so gaben sie ihm manche alte Postkarte oder ein Foto aus den eigenen Familienalben. Insofern haben viele Blankeneser zum Wachsen der Sammlung beigetragen, die bald mehrere Ordner umfasste.

Es wäre für ihn sicherlich eine Freude gewesen, hätte er noch miterlebt, mit seiner Sammelleidenschaft zu diesem Buch beigetragen zu haben.

Dirk von Appen,
Blankenese im Sommer 2015

Blankeneser
Prolog

Die Aussicht vom Süllberg war stets begehrt. Heutzutage schätzen Besucher des Restaurants auf seiner Spitze den Blick auf die Schiffe. In früheren Zeiten nutzte eine Burgbesatzung den weiten Blick, um den Übergang über die Elbe zu sichern.

Von den Gefahren der Schifffahrt auf der Elbe berichten Wracks, wie jenes am Falkensteiner Ufer. Es erinnert aber auch an das dort früher tätige Bergungsunternehmen.

... und an die Elbe gehen,

immer wieder an die Elbe gehen.

Wolfgang Borchert

Die Elbe ist auch ein Platz, auf dem sportliche Wettkämpfe ausgetragen werden.
Die 1301 erstmals erwähnte Fährverbindung über den Fluss besteht immer noch.

Beiderseitiges *Schweigen*. Keine weiteren Fragen, denn dem ist nichts hinzuzufügen.

Die Irrtümer über Blankenese werden Fremden immer wieder neu erzählt. Beispielsweise an Bord der Ausflugsbarkassen, wenn es heißt: »Hier lebten früher Kapitäne und Lotsen.« Irrtum – die leben dort noch heute. An jedem Sonnabendvormittag trifft sich eine lose Runde in der Blankeneser Bahnhofstraße zum Kaffee, es sind tatsächlich Kapitäne, Lotsen, Schifffahrtskaufleute, Schiffbauer – alles Leute, die der Seefahrt eng verbunden sind. Einige von ihnen sind zwar im Ruhestand, aber über das Segeln dem Wasser noch immer eng verbunden.

Das wird wohl auch so bleiben. Denn für junge Menschen, die am Elbufer aufgewachsen sind, haben maritime Berufe eine unwiderstehliche Anziehungskraft. Während der Ausbildung oder des Studiums sind sie eine Weile nicht mehr zu sehen, aber wenn sie sich beruflich etabliert haben, zieht es sie doch wieder dorthin, wo sie aufgewachsen sind.

Blankenese ist eine jener Wohngegenden, die in den Medien fast unausweichlich mit dem Adjektiv »nobel« in Verbindung gebracht werden. Aber das lässt außer Acht, wie viele bodenständige Menschen dort leben, denen jedes »Schickimicki« zuwider ist.

Es kommt immer wieder vor, dass Menschen sich von dem Ruf des angeblichen Nobelvorortes angezogen fühlen und in die Elbnähe ziehen. Wo sie von den Alteingesessenen genau beäugt werden. Wer dabei herauskehrt, etwas Besseres zu sein, hat einen schweren Stand. So erzählten Nachbarn einmal über Neubürger mit hochnäsigem Verhalten, die kämen aus einer süddeutschen Stadt, die für ihre Schickeriaszene bekannt ist. Die Reaktion war kurz und bündig: »Ja, da hätten die mal bleiben sollen.« So richtig heimisch wurden sie tatsächlich nicht und haben sich inzwischen eine neue Bleibe gesucht.

Machen die Blankeneser es neu Zugezogenen also schwer, dort Fuß zu fassen? Kann man überhaupt Blankeneser werden?

Wer offen ist für andere Menschen, die Lebenseinstellung der Blankeneser teilt, sich für Schiffe, Meer und Elbe begeistert, der hat es nicht schwer, dort Fuß zu fassen. Wer dann noch selbst Wassersport betreibt oder

in einem maritimen Beruf arbeitet, der wird geradezu aufgesogen und erlebt eine lebhafte Nachbarschaft.

Wer insbesondere am Sonnabend zu Marktzeiten durch die Bahnhofstraße geht, sieht ein buntes Gemisch, dazwischen eine Anzahl Menschen mit ausgeprägt individualistischer Aufmachung. Auch Charakteren mit skurrilem Erscheinen schaut niemand hinterher. In einer Reportage stand einmal: »Man lässt sich in Blankenese gegenseitig in Ruhe. Ob jemand vom Treppenadel stammt oder zugezogen ist. Es ist ein buntes Völkchen, das aber zusammenhält, wenn Unheil naht.«

Blankeneser sind weltoffen, für sie geht es, wenn sie mit dem Gesicht zur Elbe stehen, links nach Altona und rechts nach Amerika, unter ihnen ist die Elbe und über ihnen der Himmel. Allerdings grenzen sich selbst weltoffene Menschen gegen andere ab und haben ihre Vorurteile. Beispielsweise gegen jene aus Nienstedten und Finkenwerder, aber das sind uralte Rivalitäten, und sie beruhen auf Gegenseitigkeit.

Blankeneser genießen den dänischen Charme und das italienische Flair. Sie stimmen Theodor Fontane zu, der formulierte: »Gleich hier an der Elbe findest du einen palermitanischen Golf.« Auch Menschen, die am Elbufer geboren sind, können sich dafür noch immer begeistern. Ihr Selbstverständnis ist: »Hamburg liegt bei Blankenese.«

Über das Blankeneser Lebensgefühl kann man viel erfahren, wenn man den Menschen einfach mal zuhört. Ganz gleich ob es Tagesgäste oder Einheimische sind. Dann hört man so etwas wie jenen kurzen Dialog in der Bergziege, dem kleinen Bus der Linie 48, der tagtäglich unermüdlich seine Runden hangab und hangauf dreht.

»Hallo, wir haben uns ja lange nicht mehr gesehen! Was führt dich denn nach Blankenese?«

Ihr Selbstverständnis ist:
»Hamburg liegt bei Blankenese.«

Versonnene, kurze Antwort: »Die Elbe.«

Beiderseitiges Schweigen. Keine weiteren Fragen, denn dem ist nichts hinzuzufügen.

Denn was wäre Blankenese ohne die Elbe, ohne den Schiffsverkehr, ohne seine vielen, dem Fluss zugewandten Fenster, die zum Wasser führenden Treppen, die Terrassen der Lokale in gleicher Richtung, auf denen man sowohl im Sommer als auch im Winter kaum einen Platz findet, selbst wenn der Regen nieselt oder es noch schlimmer kommt.

Ohne die Elbe hätte der Ort noch nicht einmal diesen Namen. Denn der leitet sich von einer hellen Landzunge ab; hell heißt im alten niederdeutschen Sprachgebrauch »blank«; wer »blanke Oogen« hat, der hat einen hellen, wachen Blick. Und eine »Ness« ist eine Landzunge, die Kartenzeichner Melchior Lorichs auf seiner Elbkarte von 1567 verewigte. Sturmfluten haben sie mittlerweile aber längst eingeebnet.

Über der blanken Ness erhebt sich ein Berg, der damals noch so kahl und unbebaut war, dass Lorichs ihn in seiner Zeichnung gar nicht weiter ausgestaltete, sondern an die Stelle des Gipfels eine Windrose malte. Der Berg ist fast 75 Meter hoch, keineswegs die höchste Erhebung im flachen Hamburg, aber die bekannteste. Die Bezeichnung »Berg« wollen Touristen aus dem Süden Deutschlands nicht gelten lassen, bis sie von Einheimischen durch das Treppenviertel gelotst werden, häufiger Verschnaufpausen einlegen müssen und mit bewunderndem Blick auf die Häuser anerkennend sagen: »Wenn man hier seine Einkäufe herschleppen muss ...« Bergauf, zurück zum Bahnhof, nehmen sie dann gern die Bergziege.

Wer Blankenese und seine Bewohner verstehen will, sollte sich damit beschäftigen, wie das alles gewachsen ist und welche Ursprünge es hat. Also nicht von der Elbe her auf Blankenese schauen, sondern von Blankenese auf die Elbe.

Vom *Fischfang* zur *Frachtfahrt*

Auch die Römer *kamen bis an die Elbe,*
aber sie blieben nicht lange *und hinter-*
ließen keine Urkunden.

Blankenese ist ein ziemlicher Hügel an der Elbe, der eine weite
Aussicht auf die Elbe hinunter und hinauf und auf die gegenüber liegenden Inseln gewährt«, schrieb der Schweizer Erzähler
Jeremias Gotthelf im Jahre 1821. Er war nicht der Erste und wird
sicherlich noch lange nicht der Letzte sein, den diese Aussicht begeistert. Geformt hat diesen »ziemlichen Hügel« in der ansonsten
flachen norddeutschen Landschaft die vorletzte Eiszeit, als Gletscher
Sandmassen aus Skandinavien vor und unter sich herschoben, bis
das Eis schmolz. Spuren von Besiedelung sind dort schon früh zu
finden und lassen darauf schließen, dass Rentierjäger während der
Steinzeit am Ufer der Elbe vorübergehende Rastplätze hatten.

Auch die Römer kamen in den Jahren um vier oder fünf
nach Christi Geburt bis an die Elbe, aber sie blieben nicht lange
und hinterließen keine Urkunden.

Da Historiker jedoch nur anerkennen, wenn ein Ort erstmals
urkundlich erwähnt wird, dauerte es noch bis 1059, dann endlich
stand ein solcher Eintrag auf einem Pergament. Als Erstes wird
zumindest der Süllberg erwähnt, weil Erzbischof Adalbert von
Bremen die Errichtung einer befestigten Probstei am Elbufer
auf einem Berg bekannt gibt, »den die Anwohner Sollemberh
nennen«. Von der Blanken Ness aber ist noch immer keine Rede.

Der Süllberg war noch wenig bebaut, aber auf der Elbe herrschte schon reger Verkehr von Fischerbooten, Fähren und Handelsschiffen. Als Anleger diente ein hölzerner Ponton, der »Bull'n«.

Das änderte sich erst am 31. Dezember 1301. Da hat Graf Adolph VI. von Holstein eine Urkunde ausgestellt, nach der er die Einnahmen aus dem Betrieb der Fähre in Blankenese an die Ritter von Raboisen verpfändete. Denn der Graf schuldete dem Ritter 170 Mark. Nach heutigen Maßstäben eine lächerliche Summe. Aber seinerzeit waren die Werte noch anders. Die jährlichen Einnahmen aus dem Fährbetrieb wurden mit 18 Mark beziffert. Zum Vergleich: Ein Geistlicher bezog in Wedel im Jahr 1347 ein Jahresgehalt von 56 Mark. Und die Geistlichkeit gehörte im Mittelalter zum höchsten Stand in der Gesellschaft, rangierte noch vor dem Adel.

Nur wenige Jahre nach der Verpfändung, im Jahr 1325, gab es eine neue Urkunde, wonach der Graf bestimmte, der ursprünglich ihm zustehende fünfte Teil des Ertrags der Blankeneser Störfischerei solle künftig an den Hamburger Bürger Heinrich Ruge (in alten Dokumenten auch Hinrik) abgeführt werden. Der Adlige scheint mal wieder knapp bei Kasse gewesen zu sein. Denn er übertrug nicht nur das Fischereirecht, sondern verkaufte zudem mehrere seiner Besitzungen. Auf diese Art der Geldbeschaffung griffen auch andere Grafen von Zeit zu Zeit gern zurück, wie alte Urkunden zeigen. Es war eine Verpflichtung mit Langzeitwirkung. Noch 1825 wurden an die dänische Regierung 16 Reichsbanktaler für den Störfang überwiesen.

Für die Hochseefischerei benötigten die Blankeneser Fischer seetüchtige Kutter. Norddeutsche Werften entwickelten einen Typ, der auch auf der Elbinsel Finkenwerder genutzt wurde. Einige dieser Fahrzeuge sind noch heute als Museumsschiffe in Fahrt.

Blankeneser Fischer hatten keinen Hafen, sondern ließen ihre Schiffe auf dem flachen Ufer bei Ebbe trockenfallen. Die Schwerter an den Seiten ließen sich hochziehen, sodass die Fahrzeuge aufrecht auf dem Strand standen.

Damit sind in Urkunden zwei Tätigkeiten belegt, mit denen sich die Blankeneser jahrhundertelang intensiv beschäftigten – Fischerei und Fährverkehr. Über beides finden sich immer wieder offizielle Urkunden. Und zwar meist dann, wenn es Streit gab. So wie im Jahr 1557, als die Fischerzunft am Elbufer so erstarkt war, dass deren Hamburger Konkurrenten sich im Nachteil sahen. Also musste eine Regelung her. Sie bestimmte, dass die Fischer vom Fuße des Süllbergs jedes Jahr während der Zeit des Stintfangs zwei Wochen lang ihre Reusen auslegen durften. Aber beileibe nicht irgendwo, sondern an Stellen, die der amtlich bestellte Hamburger Ratsfischer ihnen zuwies. Anderen Fischarten durften sie an beliebigen Plätzen nachstellen. Aber in einem Rhythmus, der täglich mit den Hamburgern wechselte. Damit waren sie gegenüber den Nienstedtenern im Vorteil, denn denen war jegliches Fischen auf der Elbe unter Androhung von Gefängnisstrafe völlig verboten.

Außer den genannten Fischgründen hatte Hamburg für sich nämlich den gesamten Fischfang »von der Stadt bis zur salzigen See« beansprucht. Die Blankeneser mussten also mit ihren Pfahlewern bis hinaus auf die »salzige See« fahren, damit niemand sie störte.

In Holland waren die von Blankeneser Fischern angelandeten Fänge sogar beliebter als die der Einheimischen.

So ganz nebenbei wurden ihre Schiffe deshalb immer seetüchtiger, und ihre Erfahrung wuchs. Sie spürten nicht nur die besten Fanggründe auf, sondern wussten ihre Fänge auch dort zu vermarkten, wo die höchste Nachfrage war. So tauchten ihre Schiffe in Holland, Belgien, Schottland und Dänemark ebenso auf wie auf Island und in Norwegen.

In Holland waren die von Blankeneser Fischern angelandeten Fänge sogar beliebter als die der Einheimischen. Denn die Männer von der Elbe benutzten Stellnetze, in die ihre Beute nur mit dem Kopf hineingeriet und deshalb leichter herausgelöst werden konnte, während die holländischen Kurrennetze über den Boden schleppten und dabei die Tiere verletzten. Was die einkaufenden Hausfrauen abstieß. Für sie sahen die Blankeneser Fische einfach appetitlicher aus.

Auf der Elbe erhielten die Blankeneser Fischer mehr Freiheiten, als 1640 die Herrschaft Holstein-Pinneberg und das Herzogtum Holstein an den dänischen König Christian IV. fielen. Der dänische Herrscher stärkte den Blankenesern den Rücken und ermutigte sie, sich über die Abkommen mit den Hamburgern einfach hinwegzusetzen.

Ausrüstungsteile wie die Anker lagerten auf dem Strand, dort wurden auch die Netze geflickt. Auf dem Boot links hängen Scharben zum Trocknen. Der ursprüngliche Blankeneser Bootstyp war der Pfahlewer mit einem einfachen Mast, wie er sich heutzutage noch als Symbol auf Blankeneser Flaggen findet.

Ungeheuer
IN BLANKENESE

Obgleich die Blankeneser erfahrene Fischer waren und ihre Beute kannten, ging ihnen doch manchmal ein Fang ins Netz, den sie nicht einordnen konnten. So war es am 1. September 1658, als sie alten Urkunden zufolge »einen merkwürdigen Fisch erhascheten, den sie ›Butzkopf‹ nannten.« Der alte Text berichtet weiter, es sei »nur ein Weiblein gewesen, aber dennoch in der Runde 3 Ellen dick und 28 Fuß lang ohne den Steert«. Er wurde bei Hamburg an den Strand gebracht und gegen eine »geringe Ergötzlichkeit« für die Fischer jedermann gezeigt. Dortselbst sah ihn auch Herr Magister Petrus Hesselius, der Pesthof-Prediger auf dem Hamburger Berge. Derselbige »habe vermeldet, man habe für großen Gestank nicht lange bei dem Besehen ausdauern können, dannenhero Viele ihn auch den Stinkfisch geheißen; als es damit zu arg geworden, seien aus ihm viele Tonnen Tran gebrannt, und schließlich meint Magister Hesselius, dass die Bedeutung dieses an solchem Orte so ganz ungewöhnlichen Fischfanges allein Gott bekannt sei«.

Was dort tatsächlich zur Sensation wurde, ist bis heute nicht geklärt. Es war aber auch nicht die erste Meldung über seltsame Tiere in der Elbe. Schon anno 1549 hatte man in der Elbe beim Grevenhof, dem Eichholze in Hamburg gegenüber, einen ganz unerhörten Fisch gefangen, der sechs Ellen lang und dicker als eine Hamburger Biertonne war. Da sein Maul absonderlich stumpf war, so gaben die Gelehrten dem entdeckten Fisch sofort den Namen »Stuvmuhl«, was im Hochdeutschen so viel heißt wie »Stumpfmaul«, wovon übrigens, wie es scheint, die wissenschaftliche Naturkunde weiter keine Notiz genommen hat.

Ein anderes Monstrum ließ sich im Jahre 1615 in der Elbe sehen, am häufigsten wurde es bei Teufelsbrück gesichtet, wo es, wie schon der Name sagt, von jeher nicht geheuer gewesen sein soll. Dieses »Monstrum« tauchte aus den Fluten auf oder sonnte sich nach Art der Robben zur Ebbezeit auf den Sandbänken. Es war den niedergeschriebenen Beobachtungen zufolge gestaltet wie ein ungeheures Pferd mit einem riesigen Schweinskopf. »Aus dem Rachen drängten vier

lange scharfe Zähne hervor.« Alle Kugeln, die man auf das Untier schoss, prallten wirkungslos ab von seiner hornharten Haut. Nach einiger Zeit aber, so melden die Chronisten, »verlor sich solch Spektrum oder Gespenst gänzlich aus diesen Gewässern«.

Im Jahre 1638 schwamm in der Unterelbe bei Freiburg im Lande Kedingen ein weiteres »gräuliches Ungeheuer« umher, dieses war fast gestaltet wie ein »riesiger Hirsch, mit spießigem Geweih auf dem Kopfe«.

Eigentlich waren diese Begegnungen für Menschen nicht bedrohlich. Aber der Hamburgische Schiffer Peter Bartels, »ein fester nüchterner Mann, welcher mit seinem Schiffe und Schiffsvolk just dort lag, machte

Jagd auf das Getier und vermeinte, es zu fangen. Aber als er grade mit Harpunen und Haken danach langte, verschwand es plötzlich vor seinen sehenden Augen, und zwar in so ganz erschrecklicher Weise, dass den guten Mann, der doch sicher nicht nervenschwach war, vor Entsetzen auf der Stelle der Schlag rührte. Sprachlos wurde er heimgebracht und verschied bald darauf. Naturkundige aber wollten wissen, besagtes Monstrum habe wohl eine elektrische Kraft in seinem Schwanze gehabt, und mit demselben, vermittelst der in seinen Händen gehaltenen Harpunen, ihm einen so derben elektrischen Schlag kommuniziert, dass er darüber des Todes hat verfahren müssen.«

Die Hamburger steckten die von den Dänen angeregten Blankeneser Übertretungen recht widerstandslos weg. Vielleicht nahmen sie Fischer nicht ernst genug, die, anders als die Finkenwerder auf der anderen Elbseite, nicht einmal einen eigenen Hafen besaßen, sondern ihre Schiffe einfach bei Ebbe am Strand trockenfallen ließen. Was aber eine schwere Fehleinschätzung war, denn schon 1670 zählte das Dorf am Elbstrand 45 Fischereischiffe, während es in Hamburg nur 30 waren. 1806 lagen vor dem Süllberg sogar schon 172 Fischewer.

Freier Blick auf die Elbe war für die Blankeneser Fischer wichtig. Am Tage hielt ein älterer Mann am Elbstrand nach heimkehrenden Fischewern Ausschau. Sobald ihm vom Ewer aus zugerufen wurde: »Hol ut!«, pullte er in einem kleinen Boot an die Ankerplätze und holte die Fischer an Land. Wenn es mit der Flut passte, legten einige Fischer ihre Ewer auch an die Fährbrücke, um ihren Fang direkt und ganz frisch von Bord zu verkaufen. Damit die Fische frisch blieben, hatten ihre Schiffe eine besondere Konstruktion. Es war die Bünn, ein durchlöcherter hölzerner Kasten, durch den das Seewasser flutete und damit ermöglichte, den Fang lebendig nach Hause zu bringen.

Von ihren Fangfahrten kehrten die Blankeneser Fischer oft durchnässt zurück. Imprägnierte, wasserdichte Kleidung gab es nicht, so hängten sie das, was sie an Bord getragen hatten, im Wohnzimmer über den Ofen an ein eigens dafür gebautes Holzgestell mit vielen Pflöcken. So etwas ist außer in Blankenese nur noch auf Helgoland in Fischerstuben zu sehen.

Vielleicht nahmen sie Fischer nicht ernst genug, die nicht einmal einen eigenen Hafen besaßen, sondern ihre Schiffe einfach bei Ebbe am Strand trockenfallen ließen.

»Ueberhaupt erstrekken sich diese Dünen von Blankenese ab, fast eine Meile lang von der Elbe nach von Osten nach Westen hinweg, bis sie sich in der Gegend von Schulau und Spitzendorf wieder in die Ebne verlieren.«

Schleswig-Holsteinische Provinzialberichte, Altona 1787

Die Menschen des 19. Jahrhunderts flüchteten sich gern in die Idyllen des Landlebens und romantischer Parks. Landpartien ganzer Familien wie hier in Baurs Park an der Elbe boten dafür den geeigneten Rahmen.

So wurden in Blankenese Schiffe bereedert, die unverkennbar holländische Namen trugen wie De Vrouw Elisabeth oder De Jonge Jacobus.

Bei Windstille und Ebbe konnten die zurückkehrenden Fischer Blankenese mit ihren Ewern oft nicht erreichen. Dann gingen sie an Land und veranlassten ihre Frauen, die Fischewer an langen Stricken vom Lande aus den Elbstrom hinauf bis nach Altona zu treideln. Dort mussten sie in aller Frühe gegen fünf Uhr eintreffen. Denn der Fischmarkt fing um sechs Uhr an. War er zu Ende und der Fang gut verkauft, dann genossen sie das Leben. Die Fischerfrauen und Mädchen kauften in Altona auf dem Fischmarkt beim Bäcker Weißbrot, ließen es beim Butterhändler mit Butter bestreichen und holten sich in einer Wirtschaft eine Tasse Kaffee, berichten alte Chroniken.

Die Eigenarten einzelner Fischer waren im Ort bekannt. So wie die des alten Kaspar Weiß, der auch Lotse war. Wurde er eingeladen, einen Grog zu trinken, schüttelte er den Kopf und sagte »Nee, Grog drink ick nich, gevt mi man 'n Glas Zuckerwater ...« Sein heißes Zuckerwasser bestand aber hauptsächlich aus Arrak, der im Glas keine Färbung zeigte.

Dann aber bereitete Napoleon diesem friedlichen Leben ein Ende. Er wollte nach seiner Niederlage in der Seeschlacht von Trafalgar England mit wirtschaftlichen Mitteln in die Knie zwingen und verhängte die Kontinentalsperre, unterband also die Schifffahrt zwischen England und den europäischen Häfen. Damit waren den Blankenesern als dänischen Untertanen viele ihrer traditionellen Märkte verschlossen.

Das zeichnete sich schon im Jahr 1795 ab, als Napoleon Holland besetzte und damit die niederländische Schifffahrt fast gänzlich zum Erliegen brachte. Die Holländer reagierten, indem sie ihre Schiffe nun in den Herzogtümern Schleswig und Holstein registrierten, aber die bewährten Besatzungen weiterhin fahren ließen. Weil die dänischen Gesetze vorschrieben, dass unter dänischer Flagge fahrende Schiffe auch dänischen Eignern gehören mussten, verkauften die Holländer sie zum Schein an Dänen oder Holsteiner, während sie selbst sie weiter führten. So wurden in Blankenese Schiffe bereedert, die unverkennbar holländische Namen wie De Vrouw Elisabeth oder De Jonge Jacobus trugen und von Kapitänen mit den Namen Vryland, Verbrugge oder van Keulen geführt wurden. Als Reeder aber standen in den Papieren Namen wie Schult, Bornhold und ganz oft auch Breckwoldt.

Doch ganz so weit weg wie manchmal gewünscht war Kopenhagen nicht, so erfuhr man dort von den Scheingeschäften und erließ 1796 prompt ein neues Gesetz. Nun durften fremde Schiffer keine dänischen

Schiffe mehr fahren und insbesondere kein Holz mehr nach Island transportieren. Ein Geschäft, das bis dahin immer lohnend war, denn auf Island wurden die Häuser zu jener Zeit überwiegend aus Holz gebaut, die wenigen Bäume der Insel aber waren längst abgeholzt.

Als auch Dänemark in die Napoleonischen Kriege verwickelt wurde, war es mit den Scheingeschäften unter fremden Flaggen vollends vorbei, aber sie hatten den Schiffern vom Elbstrand ein neues Betätigungsfeld gezeigt. Sie besaßen zwar noch immer keinen eigenen Hafen, aber mit Wind, Wetter, den Verhältnissen auf See und in der Navigation kannten sie sich bestens aus. Sie wussten auch, wie Schiffe beschaffen sein mussten. Dieses Können schätzten besonders Hamburger Kaufleute, die ihnen nach und nach mehr Schiffe für Küstenfahrten anvertrauten. Es dauerte nicht lange,

Blankeneser Seeleute mit ihrer Erfahrung waren bei Kaufleuten und Reedern sehr gefragt. Ihnen vertrauten sie auch für Fahrten nach Übersee gern Schiffe und Ladungen an. So wuchs die Erfahrung immer mehr.

»Man muss einen mühsamen Weg steigen, ehe man die Spitze des hohen Berges erreicht, aber die Mühe wird reichlich belohnt.«

Reisebeschreibung, 1789

Der Süllberg war in der Frühzeit Blankeneses noch wenig bebaut. Aber das Ausflugslokal auf seiner Spitze war schon immer gut besucht.

Schon 1806 waren *172 Schiffe* in Blankenese registriert.

da beförderten die Blankeneser solche Ladungen auf eigenen Schiffen und heuerten als Mannschaften ihnen bekannte und bewährte Männer aus der Nachbarschaft an. Schon 1806 waren 172 Schiffe in Blankenese registriert, die Namen der Kapitäne lauten Stehr, von Appen, Breckwoldt, Schade, Dreyer, Oestmann, Köster, Kröger, alles Familien, die noch heute im Ort ansässig sind. 1848 wurde die Zahl der Blankeneser Schiffe mit 184 angegeben, und noch immer gab es keinen Hafen. Aber die Seefahrt bot 1.500 jungen Männern vom Elbufer auf Schiffen des Ortes Lohn und Brot. Außer einer Reihe von Handwerkern und Händlern gab es kaum einen Einwohner, der nicht in der Seefahrt beschäftigt war.

Als Routinefahrten galten Törns nach Amsterdam, Kopenhagen, Island und St. Petersburg. Im Winter, wenn die Ostsee in weiten Teilen zugefroren war und in anderen Orten die Schifffahrt ruhte, steuerten Blankeneser Schiffer von 1830 an ins Mittelmeer – was hieß, in einer der härtesten Zeiten des Jahres durch die Biskaya zu fahren. Ein Seegebiet, das ohnehin rund ums Jahr für schlechtes Wetter, starke Stürme und extremen Seegang bekannt ist.

Die bewährten Fischewer konnten sie für solche Fahrten nicht mehr einsetzen, sie brauchten schnelle Schiffe, damit die frische Ware nicht während langer Tage auf See verdarb. So ließen sie von 1832 an Fahrzeuge mit schärferen Linien bauen, die schon beim bloßen Anblick die Geschwindigkeit ahnen ließen. Getakelt waren sie als Toppsegelschoner, die 2.000 bis 3.000 Kisten Früchte tragen konnten. Sie brachten 6.500 bis 10.000 Mark banco an Fracht ein. In den ersten Jahren brauchte man noch zwischen 30 und 40 Tage für eine Reise, später verkürzten sie sich im Durchschnitt um zehn Tage. Die Reisedauer hing vom Eisgang auf der Elbe ab.

Der bedeutende Hamburger Fruchtimport lag in jener Zeit fast ausschließlich in den Händen Blankeneser Schiffer, bis 1840 segelten jeweils etwa 40 Schiffe nach Sizilien und beförderten 100.000 Kisten Südfrüchte. Die Hamburger Kaufleute zahlten den ersten in Hamburg ankommenden Fruchtjagern besondere Prämien, deshalb schonten die Kapitäne weder Schiffe noch Besatzungen.

Je weiter die Reisen führten, desto schnittiger wurden die Schiffe. So wie die Schonerbrigg Elmira *von Kapitän Brandt. Sie lässt schon Schnelligkeit ahnen.*

*Für die Handelsfahrten brauchten
Blankeneser Schiffer schnellere Schiffe mit
größerem Ladungsvermögen.
Den Hafen von Tarragona liefen auch
Blankeneser Fruchtjager an.*

In den Stuben Blankeneser Fischerhäuser versammelten sich die Familien, dort wärmte der Kachelofen, trocknete die Arbeitskleidung der Fischer und hingen Scharben zum Konservieren.

Im Jahr 1866 sollen einmal
42 Blankeneser Schiffe
zugleich im Hafen von Rio de Janeiro
gelegen haben.

Aus dieser Fruchtfahrt entwickelte sich dann die Überseefahrt, weil die Kapitäne sich nach solchen Erfahrungen immer weitere Reisen zutrauten. Und wieder waren es veränderte politische Rahmenbedingungen, die sie umgehend nutzten. Als Großbritannien seine Navigationsakte lockerte, die bislang britischen Schiffen eine Alleinstellung für Fahrten nach Amerika verschafft hatte, erkundeten die Blankeneser sofort dieses neue Fahrtgebiet.

Einer der ersten war Kapitän Hein Kröger, der mit seiner Schonerbrigg MARIA an die Westküste Südamerikas segelte. Auch die Kapitäne Johann Schade mit seinem Segler SPERA, Peter Breckwoldt mit seiner JUNO und Carsten Stehr mit der NEPTUNUS fuhren nach Brasilien. Im Jahr 1866 sollen einmal 42 Blankeneser Schiffe zugleich im Hafen von Rio de Janeiro gelegen haben.

Mit dieser Ausweitung des Fahrtgebietes wurden die Schiffe immer größer, es entstanden neue Schiffstypen, die auf Werften in Schulau, Altona oder auf Finkenwerder gebaut wurden. Aber auch Werften in Kappeln an der Schlei, Kiel und Lübeck konnten Aufträge aus Blankenese in ihre Auftragsbücher schreiben.

Auf dem Blankeneser Strand bauten auch die Werften ihre Schiffe. Statt eines Stapellaufs wartete man auf eine hohe Tide und zog die Rümpfe über eine ans Heck angebrachte Mooring ins Wasser.

Während Schiffe gebaut und ausgerüstet wurden, herrschte reger Betrieb am Elbufer, das damals noch unbefestigt war. So konnten Pferdefuhrwerke bis ans Wasser fahren.

Selbst Ostasien war Blankeneser Reedern und Kapitänen nicht zu weit. Im Jahr 1881 befanden sich 14 Blankeneser Schiffe an der chinesischen Küste. Kurse nach Nordamerika steckten Blankeneser Kapitäne hingegen nur selten ab. Das lag an der starken Konkurrenz mit der amerikanischen, britischen und nicht zuletzt auch der hanseatischen Seefahrt. Außerdem waren die Blankeneser Schiffe für regelmäßige ganzjährige Fahrten über den rauen Nordatlantik zu klein. Und in den Wintermonaten in der Fahrt vor der amerikanischen Küste Geld zu verdienen verboten US-Gesetze.

Obgleich die Blankeneser neue Chancen schnell nutzten, manche Erscheinungen einer neuen Zeit lehnten die Menschen am Elbufer aber lange ab, so als hätten die Blankeneser Eigner und Kapitäne ein Gespür dafür, dass einige technische Entwicklungen das langsame Ende der glanzvollsten Epoche ihrer Seefahrt einleiten würde. Am 17. Juni 1816 war das nur 20 Meter lange Dampfschiff THE LADY OF THE LAKE wenige Tage nach seinem Stapellauf auf einer schottischen Werft an Blankenese vorbei elbaufwärts gequalmt. Der Eigner Peter Kincaid war extra Hamburger Bürger geworden, um mit dem kleinen Schiff einen regelmäßigen Liniendienst zwischen Hamburg und Cuxhaven betreiben zu dürfen.

Als im Jahr 1816 das erste Dampfschiff auf der Elbe auftauchte, haben die Elbanwohner es noch kritisch beäugt. Die Fischer hatten Angst um die Fischbestände, und man fürchtete solche Schiffe, die mit Feuer unter Kesseln fuhren.

Die Blankeneser standen am Ufer

und hatten es ja gleich gesagt: »So'n niemodschen Krom brukt wi nich!«

Zu den Gegnern gehörten die Elbfischer, die fürchteten, ihre Beute würde von dem Krach der stampfenden Maschine und dem Wirbel der großen Schaufeln auf Nimmerwiedersehen verschwinden. Besorgt waren auch die Hafenbehörden, die unabsehbare Katastrophen von Schiffen fürchteten, die mit Feuer und Dampf fuhren. Natürlich wurden auch wirtschaftliche Überlegungen angestellt. Jene, die an die Zukunft der Dampfschifffahrt glaubten, hatten gute Argumente. Schließlich machte der neue Antrieb die Schiffe unabhängig von Windrichtung und Tide, keine Flaute konnte mehr den Transport verderblicher Ware verhindern, die Schiffe mussten keine teuren Umwege mehr machen, um den besten Wind zu erwischen, sondern konnten die direkten Routen nehmen.

Unabhängig von den Diskussionen nahm die LADY ihren Betrieb auf, sie erreichte in nur sieben Stunden das gerade gegründete Seebad Cuxhaven. Aber es zeigte sich, dass Brennstoff teurer war als Wind, die Maschinen häufiger ausfielen und dann für viel Geld repariert werden mussten. Außerdem hatten nur wenige Menschen das Bedürfnis, in sieben Stunden in Cuxhaven zu sein.

Schon ein Jahr später wurde die letzte Schaufel Kohle unter die Kessel geschippt, der Eigner der LADY musste sich nach neuen Einkommensquellen umsehen.

Die Blankeneser standen am Ufer und hatten es ja gleich gesagt: »So'n niemodschen Krom brukt wi nich!«

Der Kram kam aber doch und verlangte nach Häfen, weil man Dampfer nicht einfach auf den Strand ziehen konnte. Sie verlangten auch mehr Kapitaleinsatz und damit neue Gesellschaftsformen der Eigentümer. Die Zeit der einzelnen Eigner war vorbei. Nur der Blankeneser Kapitän Matthias Struve gründete 1884 eine Dampfschiffsreederei und schaffte den Dampfer CITO an. Er setzte ihn an der chinesischen Küste ein. Denn das Fahrtgebiet war den Blankenesern von früheren Reisen mit Segelschiffen vertraut. Chinesische Kaufleute charterten die Schiffe gern. Es lief so erfolgreich, dass Struve mit der PRESTO schon vier Jahre später einen weiteren und größeren Dampfer anschaffen konnte. 1894 hatte die Reederei vier Dampfer unter ihrer Flagge. Doch die Erfolgssträhne hielt nicht an. Eines der Schiffe strandete, ein anderes ging in einem Taifun verloren. Das endgültige Ende kam mit dem Ausbruch des Ersten Weltkriegs. Der letzte Matthias Struve verbliebene Dampfer mit dem Namen LANDRAT SCHLEIFF wurde während des Ersten Weltkriegs im Juli 1917 im Hafen von Bangkok interniert und zur Prise erklärt. Es war das Ende der Blankeneser Dampfschifffahrt. Die Segelschifffahrt hatte schon einige Jahre zuvor aufgeben müssen, weil sie der Konkurrenz der Dampfer nicht gewachsen war.

CITO war das erste Dampfschiff eines Blankeneser Eigners.
Es gehörte dem Kapitän Matthias Struve, der 1884 eine Reederei gegründet hatte.

Oben liegt der Himmel und liegen die Sterne drin. Darunter liegt die Elbe. Dieselben Sterne, die im Himmel liegen, liegen auch in der Elbe. Vielleicht sind wir gar nicht so weit ab vom Himmel. Wir in Blankenese.

Wolfgang Borchert, 1959

Die Blankeneser Hauptstraße war die Lebensader des Fischerdorfes an der Elbe. Dort gab es eine Reihe von Geschäften, in denen die Bewohner Lebensmittel sowie Hausrat kaufen konnten.

Gruß aus Blankenese

„Prinzessin Heinrich"

*Die Fachwerkhäuser waren meist
mit Reet gedeckt. In den Gärten bauten
die Fischer selbst Gemüse für die
Versorgung ihrer Familien an.*

Die Fischer zogen kleine Boote bis in ihre Gärten hoch,
um sie dort zu pflegen und zu reparieren. Trotz der vielen
Arbeit wirkte das Leben am Elbufer auf die Besucher
aus der Stadt beschaulich.

Die *Blankeneser Schiffer* sind als *kühne Seefahrer* bekannt.

Konversations-Lexikon, 1875

Die erfahrenen Blankeneser Seeleute wurden von Reedern und Kaufleuten gern angeheuert, weil sie von klein auf an der Elbe aufgewachsen und mit der Seefahrt vertraut waren. So arbeiteten sie als Besatzungsmitglieder auf Eisbrechern, die in den damaligen harten Wintern die Elbe befahrbar hielten. Sie gehörten zu den Besatzungen von Handelsschiffen unter Dampf und Segeln, sie flickten am Strand ihre Fischernetze oder berieten als Lotsen Kapitäne beim Anlaufen des Hamburger Hafens.

Die 1909 gegründete Deutsche Luftschiffahrts-Aktiengesellschaft, war die erste Fluggesellschaft der Welt. Wo ihre fliegenden Zigarren am Himmel auftauchten, erregten sie Aufsehen. Sie vermittelten den Fahrgästen erstmals Blicke auf Blankenese von oben.

Sturmflut
IN BLANKENESE

Die Sturmflutwarnungen der Meteorologen hatte an diesem 16. Februar 1962 am Elbufer niemand besonders ernst genommen. Seit der letzten Sturmflutkatastrophe von 1855 hatten die Deiche in Hamburg immer gehalten, sogar 1953, als eine schwere Sturmflut große Teile Hollands unter Wasser setzte.

Die Elbe hatte den Hamburgern Wohlstand gebracht, Furcht jedoch hatte niemand mehr vor ihr. Aber diese Sturmflut war anders. Sie war die Vorbotin von Fluten, die noch viel höher ansteigen sollten. Am nächsten Morgen bot sich ein Bild der Verwüstung. Besonders der nicht von einem Deich geschützte Strandweg war überschwemmt worden, die Wassermassen hatten Boote zerschlagen und waren bis in Häuser eingedrungen. Peilmarken entlang des Strandweges lassen Besucher leicht erschauern, wenn sie sehen, dass sie dort, wo sie grade spazieren gehen, an solchen Tagen noch nicht einmal mehr mit dem Kopf aus dem Wasser geschaut hätten.

Die Sturmflut von 1962 hat in Blankenese viel verändert. Die Häuser am Strandweg sind oft von Flutschutztoren umgeben. Vor Türen und Fenster sind Schotten, die Treibgut abhalten, damit es keine Scheiben einschlägt, und in Kellerböden sind Entlastungsstutzen, damit das steigende Grundwasser nicht ganze Häuser aufschwimmen lässt.

Mittlerweile gab es noch höhere Sturmfluten als jene von 1962. Beispielsweise in den Jahren 1976 und 1999. Aber Menschen und Gebäude waren vorbereitet, und so gab es wenige Schäden. Doch bei jeder Elbvertiefung stellen Anwohner die Frage: Wie wirkt sich das auf unsere Häuser aus?

Die Wasser peitschten bei der schweren Sturmflut 1962 bis an die Gartenmauern, in einigen Fällen auch bis an die Häuser. Wer sich nicht rechtzeitig über die Wasserstände informiert hatte, musste unter Schwierigkeiten sein Eigentum in Sicherheit bringen. Die Polizei warnte Bewohner über Lautsprecherdurchsagen vor der Gefahr.

Im Jahr 1962 lagen zerschlagene Boote aus dem Winterlager einer Werft über den Strand weg verstreut. An einigen Stellen hatte die Flu auch Bollwerke eingerissen. Im Schifferhaus stand das Elbwasser bis an den Tresen.

Fähr-geschichten

Die Fährlinie nach Cranz ist die älteste Hamburgs. Noch heute legt im Sommer täglich alle Stunde ein Schiff in Blankenese ab. Heute gehört es zur HADAG, einst stand es unter dem besonderen Schutz des Erzbischofs Adalbert von Bremen. Denn der stand dem Bistum Hamburg-Bremen vor und hatte auch das Kastell auf dem Süllberg errichtet. Die gekreuzten Schlüssel aus seinem Wappen sind deshalb noch heute das Zeichen für die Linie Blankenese – Cranz. Adalbert legte Wert darauf, vom Süllberg aus die Fährverbindung zu schützen. Denn er selbst pendelte gern zwischen den beiden Hansestädten in seinem Bistum, war also mit seinem Gefolge auf das sichere Übersetzen angewiesen.

Die Fährüberfahrt nach Cranz kann sich noch immer abenteuerlich gestalten. Manchmal ist der Wasserstand bei Ebbe so niedrig, dass die Fähre den kleinen Ort an der Este nicht anläuft, weil sie im Schlick steckenbleiben würde.

Die gekreuzten Schlüssel aus Erzbischof Adalberts Wappen sind noch heute das Zeichen für die Linie Blankenese – Cranz.

War man erst einmal in *Buxtehude,* hatte man den trockenen *Geestrand* erreicht.

Bei Blankenese die Elbe zu überqueren bot sich von alters her an. Zwar mussten Reisende an einer Stelle, die heute Grube heißt, den Elbhang hinabsteigen, aber der Weg war wohl noch nicht so steil, wie die heutige Treppe mit dem gleichen Namen vermuten lässt. Aber auf der gegenüberliegenden Seite der Elbe mündete die Este. Und die bot einen bequemen Weg nach Buxtehude. Denn am Südufer der Elbe erstreckten sich zu jener Zeit unwegsame Marschen und Moorgebiete, die noch nicht eingedeicht, sondern oft überschwemmt waren und damit das Reisen beschwerlich machten. Auf

dem Wasserweg dagegen konnte man sie bequem durchqueren. Auch zwischen Hamburg und Harburg dehnten sich zu jener Zeit noch unwegsame Sümpfe, Priele und Marschinseln aus. War man erst einmal in Buxtehude, hatte man den trockenen Geestrand erreicht.

Der Bedarf, die Elbe zu queren, war groß, nicht nur für Bischöfe auf Dienstreisen. Im Mittelalter verlief der Handelsweg von Holland nach Schweden unweigerlich über die Blankeneser Fähre. Für die Landesherren, die Grafen von Holstein-Schauenburg, waren die Fahrten von Blankenese und Schulau-Wedel

Vom Blankeneser Fähranleger fuhren nicht nur die Fähren über die Elbe. Dort legten auch die Raddampfer für die Schiffslinien entlang der Niederelbe ab. Sie prägten jahrelang den Passagierschiffsverkehr auf dem Fluss und erfreuten sich großer Beliebtheit auch für Ausflugsfahrten.

über die Elbe sehr einträglich. Die Blankeneser Fähre soll seinerzeit schon 20.000 Mark pro Jahr eingebracht haben und später unter dänischer Herrschaft wohl das Doppelte. Denn sie transportierte jährlich 20.000 bis 30.000 Ochsen, die als Magervieh aus Dänemark und Holstein kamen und sich auf saftigen holländischen Wiesen Fett anfressen sollten. Daneben nutzten auch viele Reisende sie mit ihren Handelsgütern.

Da ein Fährmann allein die Überfahrt nicht bewältigen konnte, waren Helfer notwendig. Sie wurden in den drei Blankeneser Ortsteilen Westerende, Mitte und Osterende ausgelost, die noch fast bis in unsere Zeiten hinein die drei Lose hießen.

Die Blankeneser Fährleute wachten eifersüchtig darüber, dass die Gegenfähre ihnen nicht ins Geschäft kam. Jede durfte nur bringen und nichts holen. Aber trotz hoher Strafen (Bröke genannt) gab es immer wieder Schwarzfahrten mit Jollen, Ewern und sogar Prähmen. Einen Cranzer Prahm, den die Blankeneser dabei schnappten, legten sie auf ihrer Seite so lange an die Kette, bis er verfault war.

Ein Regulativ vom Jahre 1826 beschreibt das Verfahren beim Fähr-betrieb. Wenn Passagiere ankamen, musste einer der Fährknechte in dem Ortsteil, dem gerade die Hilfeleistung oblag, »heraus« rufen. Dann konnten sich beliebig viele Leute melden, doch aus jedem Haus nur ein Mann. Diese Mannschaft musste im Winter den Fährknechten helfen, die Jolle vom Strand ins offene Fahrwasser zu bringen und die Passagiere hinüberzuschaffen. Sie hatte auch am ganzen Tag weiter den gleichen Dienst zu leisten. Der Tagesverdienst wurde abends nach einem vorgeschriebenen Plan geteilt. Meldeten sich mehr Bewohner als nötig, wurde unter ihnen das Los geworfen, um festzustellen, wer helfen sollte.

Das Fährhaus befand sich ohne Zweifel von jeher auf seiner jet-zigen Stelle hoch über der Elbe. Dort wurde auch von jeher »Gast-wirthschaft und Krügerei« betrieben. Was aber eine bunte Gesellschaft ins Haus brachte, die nicht immer friedlich war. Im Jahre 1700 klagte ein Mann aus Wedel, der Fährmann habe ihm »einen vollen Krug

»Dass die Fährleute gern saufen, ist nicht ohne, des sind aber die Ochsenhändler selbst schuldig, weil sie ihnen nämlich Bier zum Besten geben, damit sie mit der Ueberfahrt desto hurtiger zu Werke gehen.«

Bier ins Gesicht geworfen und seinen Degen gegen ihn entblößet«.

Dort im Fährhaus wurden aber auch Hochzeiten, Kindstaufen und andere lustige Zusammenkünfte gefeiert.

Der Fährmann und seine Leute behandelten die Reisenden nicht immer höflich. Als einer sich 1607 beim Amtmann beschwerte, hatte der gleich die passende Antwort parat: »Dass die Fährleute gern saufen, ist nicht ohne, des sind aber die Ochsenhändler selbst schuldig, weil sie ihnen nämlich Bier zum Besten geben, damit sie mit der Ueberfahrt desto hurtiger zu Werke gehen.«

Befördert wurden neben den Ochsen auch Stückgüter und die Post von Hamburg über Bremen in alle Städte Westeuropas. Erst zu Fuß, dann zu Pferd und schließlich in Wagen. Erst der Dreißigjährige Krieg machte solche Straßentransporte zu unsicher.

100 Jahre später hörte der Ochsenhandel auf, und als Napoleon seine Heerstraßen von Hannover und Bremen nach Harburg angelegt hatte, ging auch die Personenbeförderung der Fähre zurück. Als die ersten Eisenbahnen fuhren, dämmerte sie vollends dem Ende entgegen.

Erst mit dem Aufkommen der Dampfer wurde der Verkehr auf dem Fluss wiederbelebt. Um 1870 gab es bereits 18 Personendampfer auf verschiedenen Linien auf der Elbe.

Wie viele Menschen in den 1950er-Jahren die Fährverbindung nutzten, zeigt dieser Andrang auf das Fährschiff SÜLLBERG.

Die Blankeneser leiden unter Soldaten

Die Soldaten verbrauchten während dieser Zeit unter anderem 4.300 Pfund Brot, 274 Tonnen Hafer und 6.000 Pfund Heu.

Wo Heere durchzogen, da litt die Bevölkerung. Der Begriff »verheerend« lässt ahnen, wie Landschaften aussahen, wenn die Soldaten wieder abgezogen waren. Darunter hatte auch Blankenese zu leiden. Es waren nicht nur fremde Truppen, die das Land ausplünderten und die Bewohner drangsalierten. Obgleich der Ort am Elbhang lange Zeit zu Dänemark gehörte, war das Verhältnis zu den Dänen nicht ungetrübt. In jenen unsicheren Zeiten zogen nämlich immer wieder dänische Heere durch die Umgebung. In der Zeit zwischen 1678 und 1713 gab es nur wenige Jahre, während derer die Einwohner nicht mit solchen Durchzügen und Einquartierungen geplagt waren. So lag vom 8. bis zum 15. Juli 1712 in Blankenese und Umgebung das Kürassierregiment des dänischen Obristen Levezan nebst 300 Mann von Obrist Friesens Regiment im Quartier. Die Soldaten verbrauchten während dieser Zeit unter anderem 4.300 Pfund Brot, 274 Tonnen Hafer und 6.000 Pfund Heu. Noch im gleichen Monat lag in derselben Gegend ein Kürassierregiment mit 400 Pferden, die täglich 25 Tonnen Hafer und 4.800 Pfund Heu fraßen. Am 17. August setzten 400 Mann von Buxtehude nach Blankenese über die Elbe. Kaum waren sie angekommen, requirierten sie elf bespannte Bauernwagen für die Kranken und den Proviant. Zwar zogen sie schon am nächsten Tag weiter, aber für einen Tag war ihnen Quartier zu gewähren, dazu mussten Brot, Heu und anderer Proviant herangeschafft werden. Schon kurze Zeit später zogen sechs Kompanien Marinetruppen denselben Weg. Es gab in jenen unruhigen Zeiten ein unaufhörliches Hin und Her Bewaffneter. Es waren zwar die eigenen Truppen, und Bewohner erhielten Entschädigungen, die aber nicht annähernd die wirklichen Kosten deckten.

Reich ist Blankenese in jenen Jahren ohnehin nicht gewesen. Und so litt die Bevölkerung an Entbehrungen. Die Blankeneser erwirkten deshalb 1721 vom dänischen König ein Privileg, das die Ortschaft künftig von Einquartierungen befreite. 1845 wurde das Privileg bestätigt, und noch 1850 haben sich die Blankeneser darauf mit Erfolg berufen, als während der wechselvollen Schleswig-Holsteinischen Erhebung wieder Truppen durch die Gegend zogen.

Dass so viele fremde Kriegsknechte ausgerechnet an dieser Stelle des Elbufers durchmarschierten, hatte seinen Grund. Und zwar denselben, aus dem die Ochsenherden dieselbe Strecke entlanggetrieben wurden.

In Schleswig-Holstein gab es immer wieder kriegerische Zeiten, in deren Folge Soldaten auch durch die Region um Blankenese zogen. Die Bevölkerung litt, weil sie die Truppen versorgen musste. Das Bild zeigt die Schlacht bei Idstedt, bei der die Schleswig-Holsteiner vergeblich hofften, sich von Dänemark lösen zu können. Doch sie unterlagen im Kampf.

Weiter westlich lagen Marschböden, die kein großes Verkehrsaufkommen bewältigen konnten und zudem von den Bewohnern unter Wasser gesetzt wurden, wenn sie sich gegen Eindringlinge wehren wollten.

Noch schlimmer war es während des Dreißigjährigen Krieges: »Schon Jahre 1621, ehe der eigentliche Krieg unsere Gegend berührte, bekamen die Dörfer Nienstedten, Gross- und Kleinflottbek durch eine dänische Besetzung einen schauderhaften Vorgeschmack von den Schrecken, die später hereinbrachen. Die Soldaten, so heißt es in einem der Berichte, logierten sich bei 15, 16, ja wohl mehr Personen in ein Haus, panquetierten, fressen und saufen Tag und Nacht, und da ihnen die Leute das Liebste und Beste nach Vermögen gern leisten, wollen sie sich damit nicht contentieren, sondern uffs herrlichste mit Lämmern, Hühnern, Wein und Hamburger Bier tracieret sein, und was sie nicht verzehren, verderben sie ohne Scheu, hauen Lämmern und Schafen ohne Unterschied die Köpfe ab, zu geschweigen, dass sie auch ehrlicher Leute Weiber und Mägde nicht verschonen, sondern die mit Gewalt zu nothzüchtigen sich unterstehen dürfen, brand-

schatzen die Leute ihres Gefallens und zwingen sie dahin, dass sie dieselben im Lande herumführen und ihnen etliche Tage mit Wagen und Pferden uffwartig sein müssen, und behalten die, dem reisenden Mann zu Nachtheil und Verhinderung, solange sie wollen, in Summa, bezeugen sich dermaßen muthwillig und unchristlich, daß es die Unterthanen fürders nicht ertragen können, sondern endlich Haus und Hof verlassen und davon laufen werden ...«

Es gibt auch Berichte, nach denen die dänischen Soldaten den armen Leuten, um Geld von ihnen zu erpressen, »die Fußsohlen solange gebraten, bis der Dampf aus dem Strümpfen geschlagen, ingleichen anderen die bloßen Beine in siedend heißes Wasser gesetzet, noch andere Personen mit den Haaren hinter die Pferde gebunden und geschleifet«, und was der Schändlichkeiten mehr waren.

Während der Zeit des »Kaiserlichen Krieges« (1627–1628) verheerten Tilly und Wallenstein die Grafschaft Pinneberg. 1643–1645 folgten weitere Schrecknisse, begangen von den Schweden unter Thorstensohn.

Obgleich Blankenese zu Dänemark gehörte, führten sich Soldaten des Landes auf wie Besatzungstruppen und drangsalierten die Bevölkerung. Das Bild zeigt Grenadiere der königlich-dänischen Truppen in Holstein, die auch für Blankenese zuständig waren.

Der Süllberg

von der Schutzburg zum Gastronomietempel

Höher als der Süllberg ist auf Hamburger Gebiet sogar ein künstlich angehäufter Berg, nämlich der Müllberg von Hummelsbüttel mit 77 Metern.

Der Süllberg ist Hamburgs höchster Berg, wird Gästen von auswärts immer wieder gern erzählt. Es stimmt aber gar nicht. Der Berg über der Elbe liegt zwar traumhaft schön und bietet einen ebenso traumhaften Ausblick. Man mag also darüber streiten, ob der Süllberg Hamburgs schönster Berg ist, eine entsprechende Abstimmung würde er wohl glatt gewinnen. Aber er ist noch nicht einmal Blankeneses höchste Erhebung, denn er misst nur 74,64 Meter, wird also vom benachbarten Waseberg mit 87 Metern noch überragt. Höher als die beiden ist der ebenfalls am Elbufer gelegene Baursberg mit 91,6 Metern. Höher als der Süllberg ist auf Hamburger Gebiet sogar ein künstlich angehäufter Berg, nämlich der Müllberg von Hummelsbüttel mit 77 Metern. Und südlich der Elbe erhebt sich in den Harburger Bergen der Hasselbrack mit 116,2 Meter.

Aber der Süllberg, von dem aus der Blick weit nach Westen und Süden über die Elbe geht, zog schon immer Menschen an. Es gibt Erzählungen, die Römer hätten, als sie unter ihrem Heerführer Drusus bis an die Niederelbe kamen, auf diesem Berg einen Sonnentempel errichtet, woher dieser seinen bis heute gültigen Namen habe. Denn der römische Sonnengott hieß Sol. Diesen Tempel soll Kaiser Karl der Große zerstört haben, schreibt Gustav Kirsten in seinem 1924 erschienenen Buch »Allerlei Interessantes aus Blankenese«. Er führt aber auch Überlieferungen an, denen

u zur hohen Süllberg-Spitze. - Und ruhst am Ende aus: "Ich schwitze"
getrost es winkt Dir hier, - Ein ganz vorzüglich Tröpfchen Bier,
g und Magen Du erquickt, - Und einen Gruss nach Haus geschickt,
icher Du beim Gehen: - "Auf bald'ges Wiedersehen!"

GRUSS vom SÜLLBERG.
Inhaber H. D. ROHR.

Aufgang z. Süllberg

Die schöne Aussicht vom Süllberg auf die Elbe zog Menschen an, die von dort aus Postkarten schrieben und so den Ruf des Ausflugszieles verbreiteten.

zufolge dort schon die »alten Heiden« eine Opferstätte gehabt hätten. Ebenso wie die Sachsen, die dort ihren Donnergott Thor verehrten, weshalb dort noch so viele steinerne Donnerkeile zu finden seien. So ganz sicher ist er sich in den Belegen aber nicht, denn er schreibt auch: »Andere erzählen, die heidnischen Wenden hätten dort gehaust und einer ihrer Götter habe Wedel geheißen – der Sonnengott, woher auch der benachbarte Ort Wedel seinen Namen habe.«

Es war aber eine Zeit, in der noch nicht alles beurkundet wurde. So ist die Beweislage unklar. Klarer wurde sie erst 1059, als Erzbischof Adalbert von Bremen, der von 1043 bis 1066 das Erzbistum Hamburg/Bremen leitete, auf dem Süllberg eine befestigte Probstei errichtete. Denn er wollte von dort aus das, so Kirsten, »heidnische Raubgesindel bekämpfen, das dort hauste und die christlichen Hamburger und Holsten plagte und drangsalte zu Wasser und zu Lande«.

Adalbert residierte in Bremen, denn schon seine Amtsvorgänger hatten den Sitz des Erzbistums wegen der häufigen Überfälle der Slawen und Normannen von der Elbe an die Weser verlegt.

Der Süllberg sei zu der Zeit noch dicht bewaldet gewesen und musste dafür, und um Felder anlegen zu können, gerodet werden. Diese Holzfäller, die den Wald brachen, nannte man die Waldbrecher, auf Plattdeutsch, Brecker-Wold, woraus Breckewold und später Breckwoldt wurde. Was wiederum niemand urkundlich belegt hat. Belegt aber ist im Schleswiger Archiv mit Datum vom 2. August 1545, dass Graf Otto V. von Holstein-Schauenburg einen Heinrich Breckwoldt mit der Fährverwaltung und der Bewirtschaftung des Kruges zu Blankenese belehnte. Die Wirtschaft stand aber nicht auf der Spitze des Berges, sondern lag auf halber Höhe, etwa dort, wo heute Sagebiels Fährhaus ist.

Es war eine sehr fruchtbare Familie, denn um 1640 trugen von 45 Haushaltungen in Blankenese 18 den Namen Breckwoldt. Was natürlich für Verwirrung sorgen konnte. Aber in solchen Fällen halfen sich die Blankeneser mit den Ökelnamen, also Namenszusätzen, die bei Namensgleichheit Familien näher beschrieben. Da gab es also die Breckwoldt-Strand oder Breckwoldt op den Born, oder sie nahmen die angeheirateten Namen dazu. Also beispielsweise Breckwoldt-Kolls. Bei der ebenfalls weitverbreiteten Familie Kröger nannte man denjenigen, der zum Fischfang fuhr, Jochen Quaap. Eine Quappe ist ein Fisch, ähnlich dem Schellfisch, aber mit großem Kopf und glatter Haut wie ein Aal. Gustav Kirsten berichtet amüsiert, dass Ortsfremde das für den richtigen Namen hielten und dann »zum Ergötzen der Blankeneser mit guten Tag Herr Quaap grüßten«.

Ökelnamen vergaben die Blankeneser auch gern an Straßen. Da gab es einmal die inoffizielle Bezeichnung Drei-Geeschen-Gang, an dem die drei Kapitänswitwen Geesche von Ehren, Geesche Bremer und Geesche Brandt wohnten. Offiziell hieß er aber Brandts Weg.

Aber zurück zum Süllberg. Da aus der Frühzeit so wenig belegt war, konnte man vieles erzählen, das nicht zu beweisen war. So hütete Mitte des 19. Jahrhunderts Peter Supp auf dem noch unbebauten Süllberg das Jungvieh und erzählte viele fabelhafte Geschichten, die er von seinem Onkel erfahren haben wollte. Oder ließ ihm die lange Zeit des Hütens einfach nur genügend Zeit, alte Geschichten fantastisch auszuspinnen? Jedenfalls erzählte er von den Hünen, die auf dem Süllberg mit Nebelkappen und großen Keulen zur Nachtzeit herumliefen und von Klopfen und Hämmern aus der Tiefe, als sei dort etwas versunken, das wieder herauf wollte. Wenn dann zur Schummerstunde ein Luftzug kam, meinte dieser Peter Supp: »De Hün, de dreiht sick üm und ankt und stöhnt ...«

Um 1640 trugen von 45 Haushaltungen in Blankenese 18 den Namen Breckwoldt.

BLANKENESE

Ein Kleingebirg aus bunten Muscheln,
darüber dick die Wolken kuscheln.
Darunter Flaggen hin und her,
des Stromes Überseeverkehr.

Hans Leip, 1929

*Der Blick vom Waseberg herab zeigt,
dass er noch ein kleines Stück höher ist als der
viel bekanntere Süllberg. Doch die Wahl zum
schönsten Berg Hamburgs würde sicherlich die
Erhebung mit der Gastronomie auf seiner
Spitze gewinnen.*

Im 17. Jahrhundert wurde behauptet, in den Blankeneser Bergen spukten viele Unterirdische und Zwerge, die sich den vorübergehenden Schäfern und Jägern zeigten und in Erdhöhlen ihr heimliches Wesen als »Unnereersche« trieben, wo sie ihre Schätze hüteten. Der Pastor Johann Rist aus Wedel hörte die Geschichten und wollte ihnen auf den Grund gehen. So machte er sich eines Nachts mit dem Vizekanzler des Herzogs zu Wolfenbüttel bei hellem Mondschein auf, um sich das geheimnisvolle Treiben selbst anzusehen. Sein Begleiter galt als beherzter Mann. Sie wollen dann gesehen haben, wie kaum kniehohe Zwerge aus einem Fuchsloch kamen. Es waren Wesen mit großen Köpfen und Nasen und klugen Augen. Braune Kleidung hätten sie getragen, mit Glöcklein an den Mützen, die anmutig klingelten, wenn sie auf und ab sprangen und mit Glockenspiel im Kreis Ringelreihen tanzten. Da wollte Pastor Rist sie gütlich anreden, so geht die Sage weiter, er musste aber plötzlich niesen, und die Zwerge verschwanden wieder in den Fuchslöchern.

Das Experiment heute zu wiederholen dürfte wenig Erfolg versprechend sein. Denn die dicken Betondecken der Tiefgarage unter dem heutigen Hotel dürften für Wichte nur schwer zu durchdringen sein. Wahrscheinlich aber haben spätestens die Bauarbeiten sie vertrieben, wenn schon ein Niesen sie verschreckt hat.

Die Burg aus dem Jahr 1059 auf der Spitze des Süllbergs hat nicht lange gestanden. Die Soldaten im Dienste des Erzbischofs waren raue Typen, die sich mit der Bewachung der Fährverbindung langweilten. Also überfielen sie auf eigene Faust Kaufmannsfuhren und plünderten sie aus. Empörte Hamburger setzten sich zur Wehr, eroberten die Burg und schleiften deren Mauern. In den folgenden zwei Jahrhunderten wucherte also wieder Wald auf dem Süllberg.

Aber ein strategisch so günstig gelegener Ort wie der Süllberg weckte Begehrlichkeiten. Die Grafen Johann und Gerhard von Holstein, Stormarn und Schauenburg wollten sich gegen die Ansprüche des Erzbistums in Bremen wehren, seinen Einflussbereich auf das Gebiet nördlich der Elbe auszudehnen. Deshalb wollten sie auf dem Süllberg wieder eine Burg errichten. Die Hamburger aber hatten die schlechten Erfahrungen mit solchen befestigten Werken auf dem Berg und ihrer waffenstarrenden Besatzungen nicht vergessen und präsentierten prompt eine kaiserliche Urkunde aus dem Jahre 1189, wonach zwei Meilen im Umkreis von Hamburg keine Burg errichtet werden dürfe. Die Hamburger interpretierten die Meilen als sächsische, und die waren jeweils etwa neun Kilometer lang. Damit lag der Süllberg im Bannbereich. Aber den Hamburgern gefielen die Machtansprüche aus Bremen auch nicht, und so kamen sie den holsteinischen Grafen entgegen. Sie erlaubten mit einem Vertrag vom 16. Oktober 1258 den Bau des Festungswerkes unter der Bedingung, dass jeder von der Besatzung verursachte Schaden innerhalb von drei Wochen zu ersetzen sei oder die Burgmauern geschleift werden müssten. Ein Fall, der 1262 tatsächlich eintrat. Danach wurde es 600 Jahre lang urkundlich still um den Süllberg. Es ist nie wieder eine Festung darauf gebaut worden.

Im Jahr 1837 errichtete der Fährpächter Peter Georg Carl Hansen auf dem Süllberg einen Aussichtsturm und eine Milchwirtschaft. Er war Sohn eines Tischlers aus Schleswig und ehemaliger »Polizeireuter« im Dienst der dänischen Krone. Für die 4.450 Quadratmeter

Ein strategisch so günstig gelegener Ort wie der Süllberg weckte Begehrlichkeiten.

Auch auf dem Waseberg stand ein Aussichtsturm mit einem schönen Blick auf die Elbe. Doch das Lokal auf dem benachbarten Süllberg zog mehr Besucher an. So verlor der Turm an Bedeutung.

Blankenese   Aussicht vom Süllbergturm.

große Bergkuppe aus der Erbmasse des Kaufmanns Henry Simons gab er 850 »Mark Courant« aus, was in etwa dem Gegenwert von fünf Ochsen entsprach. Hansen ließ die Kuppe planieren, pflanzte Bäume und eröffnete einen Milchpavillon. Das Geschäft lief von Anfang an hervorragend, sodass er expandieren konnte. Als 1840 der »Trichter« – ein beliebtes, aus Holz gebautes Lokal auf St. Pauli – wegen Brandgefahr abgerissen werden musste, ließ er ihn auf dem Süllberg wieder aufbauen. 1850 kam ein Aussichtsturm dazu,

und gleichzeitig begann Hansen, angrenzende Grundstücke hinzuzukaufen.

Er wusste, mit seiner Investition Geld zu machen, und kassierte auch kleine Beträge. So hatte er neben dem Aufgang ein unmissverständliches Schild aufgehängt:

Der Aufgang ist nur dem gewährt,
der in der Wirtschaft was verzehrt.
Doch wer nur frische Luft will schnappen,
muss 40 Pfennige berappen.

Die Elbfernsicht vor dem Umbau im Jahre 1897

Außerdem schenkte er schon bald nicht nur Milch aus, sondern erwarb eine richtige Schankkonzession. Hansen war mit acht Kindern gesegnet, aber seine zweite Frau Henriette hatte ihn mit dem Nachwuchs allein gelassen.

Peter Hansen galt immer als Ortsfremder, der viele Neider hatte. Eines Tages wurde er überfallen und nach alten Überlieferungen »halb tot« geschlagen. Tochter Berta musste die Misshandlung des Vaters mit ansehen.

1860 veräußerte er seinen Besitz an den Ehemann seiner Lieblingstochter Berta, den Holsteiner Heinrich Detlev Rohr. Es war ein aus Garstedt stammender Zollbeamter in Diensten Dänemarks. Er hielt den Besitz aber keineswegs zum Schnäppchenpreis: Rohr hatte ganz einfach das höchste Gebot innerhalb der Familie abgegeben. Kaufmännisches Denken, gepaart mit unerschütterlichem Familiensinn, führte sicherlich dazu, dass der Süllberg im Laufe der Jahrzehnte zu einem gastronomischen Prunkstück wurde. In Blankenese war der freundliche und eingeheiratete Mann, der gern eine Mütze mit einer Troddel dran trug, akzeptiert. Man nannte ihn allgemein Vadder Rohr.

Der Süllberg überstand alle wirtschaftlichen und politischen Wirren zwischen und nach den beiden Weltkriegen. Doch mit der fünften Generation endete plötzlich das gastronomische Engagement der Familiendynastie: Magrit Schulte-Haubrock, geborene Rohr, war es vorbehalten, im Jahre 1990 den Süllberg zu verkaufen, und die Gründe dafür waren traurig. »Es gab keine Erben, ich musste meine alte Mutter betreuen, und überdies war mein Mann Wolfgang sehr krank«, sagt sie, »und dann war da ja auch noch der Betrieb mit über 60 Mitarbeitern. Letztendlich fehlte mir die Kraft.« Wie aus dem Nichts tauchte damals ein gewisser Roland Ernst auf, ein Baulöwe, der damit prahlte, seiner Lebensgefährtin 60 Millionen Mark nur für die Renovierung zur Verfügung stellen zu wollen, um aus dem Süllberg das »Juwel in seiner Immobilienkrone« zu machen. Die Schulte-Haubrocks

Kaufmännisches Denken, gepaart mit unerschütterlichem Familiensinn, führte sicherlich dazu, dass der Süllberg im Laufe der Jahrzehnte zu einem gastronomischen Prunkstück wurde.

ließen daraufhin im Kaufvertrag verankern, dass die Gastronomie nicht nur erhalten, sondern auch erweitert werden musste – und dass sämtliche Angestellte übernommen werden sollten. Desto größer war dann das Entsetzen der Blankeneser, als sich kurz nach dem Verkauf herausstellte, dass Ernst sein Immobilienimperium vor allem im Osten auf Sand errichtet hatte und er plötzlich dringend frisches Kapital benötigte. Sein Plan: Das Hotel-Restaurant sollte mehr als 100 Luxuswohnungen weichen. Doch da war ja noch der Kaufvertrag ... Es wird immer wieder behauptet, Ernst habe mit allen Mitteln versucht, die Gastronomie herunterzuwirtschaften, um den erwünschten Abriss zu erzwingen. »Er ließ sogar das Dach aufmachen, um das Mauerwerk feucht werden zu lassen«, so Magrit Schulte-Haubrock, die gegen ihn vor Gericht zog – und gewann. Der Süllberg gehörte von da an den Gläubigerbanken. Doch wieder war es die ehemalige Besitzerin, die im Hintergrund, mit Unterstützung des damaligen Ersten Bürgermeisters Henning Voscherau, die Fäden zog und sich kompromissbereit zeigte: Die eine Hälfte des Süllbergs durfte nun doch mit Wohnungen bebaut werden, während die zweite Hälfte komplett restauriert wurde und ein Hotel-Restaurant entstand. Mit Karlheinz Hauser kam 2002 ein renommierter Gastronom an Bord, der für den Süllberg einen Michelin-Stern errang. »Doch der schönste Tag war der Tag, als ich erfuhr, dass mein alter Jugendfreund Peter Möhrle, der ehemalige Max-Bahr-Besitzer, 2009 den Süllberg kaufte«, sagt Magrit Schulte-Haubrock. »Mit dem Süllberg hat er nicht nur in eine lange Tradition investiert, sondern auch in hanseatische Gefühle.« Seitdem schlafe sie wieder ruhiger. Wohl auch, weil sie nun endgültig loslassen konnte.

Für den bequemen Aufstieg in der Frühzeit der Süllberg-Gastonomie sorgten Esel, die Ausflügler nach oben trugen. Wenn die Tiere störrisch stehen blieben, erklärten die Eselstreiber den Gästen, die Tiere seien hungrig. Worauf die Sonntagsreiter ihre mitgebrachten Butterbrote verfütterten. Die Esel bekamen von dieser ungewohnten Nahrung Durchfall und bekleckerten die Wege. Das wiederum brachte etliche Anwohner gegen die Eselskarawanen auf. Die Treiber wehrten sich, indem sie ihre Tiere gern vor Grundstücken klecckern ließen, deren Besitzer sich besonders lautstark beschwert hatten.

Heute ist der Süllberg mit der Bergziege, dem Bus des Verkehrsverbundes, in wenigen Minuten von der Station Waseberg aus zu Fuß zu erreichen.

Blankenese im Winter.

Vom Aussichtsturm auf dem Süllberg hat man einen atemberaubenden Blick
auf die Elbe. Er gehört heute zum Hotel Süllberg. Um ihn zu besteigen, muss man sich an der Rezeption
einen Schlüssel holen, der gegen ein Pfand ausgehändigt wird.

Wracks als Wochenendunterhaltung

D ie Steven halten die Schiffsplanken längst nicht mehr zusammen, jede Flut spült über den zerfallenen Rumpf am Falkensteiner Ufer. Das hölzerne Wrack entfacht die Fantasie der Elbspaziergänger immer wieder neu. Zumal nur wenige Meter entfernt das Heck eines weiteren, aber stählernen Schiffes aus dem Wasser ragt. Beide erinnern an die Zeit, als an dieser Stelle ein Bergungsunternehmen seinen Sitz hatte. Um die Wende vom 19. zum 20. Jahrhundert war die die Bergung von Schiffen dort sogar Teil einer Unterhaltungsschau.

Damals waren Ausflüge von Hamburg aus mit dem Dampfer zu Harmstorf am Falkensteiner Ufer beliebt. So beliebt wie die Völkerschauen bei Hagenbeck oder die szenische Darstellung großer Schlachten auf dem Hamburger Dom. Das Publikum war noch nicht von Actionfilmen und Reality-TV verwöhnt. Auf dem Gelände von Friedrich Matthias Harmstorf gab es immer etwas zu sehen, was die Sensationslust befriedigte. Schon neben dem Landesteg, der zum Ausflugslokal und Hotel mit dem Namen »Hotel zum Falkenstein« führte, lagen meist einige geborgene Schiffswracks als Zeugen von Strandungen im schwierigen Fahrwasser der Elbe und ihrer Mündung. 1861 hatte Friedrich Matthias Harmstorf, der Sohn eines Finkenwerder Seemanns, sein Unternehmen zunächst im Hamburger Hafen begonnen, es aber 1877 nach Blankenese verlegt.

Auf dem Gelände von Friedrich Matthias Harmstorf gab es immer etwas zu sehen, was die Sensationslust befriedigte.

HOTEL "FALKENTHAL" BLANKENESE.

F. M. Harmstorf. Taucher

Jeden Mittwoch u. Sonntag „Taucher-Vorstellung."

Für die Tauchervorführungen gab es am Hotel Falkenthal ein extra angelegtes Bassin. Am Rande konnten die Besucher die technische Ausrüstung eines Tauchers bestaunen.

Der Firmeninhaber begnügte sich schon bald nicht mehr damit, Schiffe zu bergen. Wenn seine Taucher nicht gerade Wracks beseitigten, dann stiegen sie mittwochs und sonntags in ihre wasserdichten Monturen, um in einem Bassin Zuschauern die Abenteuer ihres Berufes vorzuführen.

Dafür war ein Teich mit einer Insel ausgehoben worden, darauf ein Haus mit einem Anlegesteg, auf dem die Vorführungen abliefen. Von den 1880er-Jahren an gab es dort ein Hotel mit einem Restaurant, das an guten Wochenenden schon mal 1.000 Gäste zählte. Sie kamen mit Ausflugsdampfern aus Altona, Hamburg, Harburg oder Stade. Ganze Schulklassen reisten an. Die Schau begann mit dem Anlegen der Tauchausrüstung. Die Atemluft wurde damals noch von Helfern mit der Hand gepumpt. Der Taucher holte goldene Ringe vom Grund, später zog auch der Schnellmaler Moratti eine Montur an und malte unter Wasser seine Bilder. Wer wollte, konnte auch über Wasser von ihm Bilder in Blitzesschnelle malen lassen. Solche Werke sah man in Blankenese noch Jahrzehnte später an Wänden hängen.

*Da **Sensationen** sich auch zu jener Zeit schon schnell abnutzten, waren **ständige Steigerungen** und neue **Ideen** gefragt.*

Ein Rätsel war für viele Besucher, wie der Taucher es schaffte, mit einer vollen Bierflasche unterzutauchen und mit einer leeren wieder an die Oberfläche zu kommen. Der Trick war eigentlich ganz einfach. Am Taucherhelm gab es ein Ventil, mit dem verbrauchte Atemluft abgelassen werden konnte. Diese aufsteigende Luft drückte mit einigem Geschick die Flüssigkeit aus der Flasche.

Eine Zeitlang hatte man zwei Modellschiffe auf dem Teich schwimmen lassen. Das eine trug den Namen GEFION, das andere CHRISTIAN VIII. Beide feuerten aufeinander, bis die GEFION versank, wie es im Deutsch-Dänischen Krieg von 1864 vor Eckernförde geschehen war.

Da Sensationen sich auch zu jener Zeit schon schnell abnutzten, waren ständige Steigerungen und neue Ideen gefragt. Zweimal in der Woche gab es ein Prachtfeuerwerk, Konzerte und Akrobatik. Für die Musikdarbietungen sorgten 50 bis 60 Schüler einer Harburger Musikschule oder das Militärorchester eines Füsilierbataillons. Die Gäste kamen aus aller Welt, wer auch immer Hamburg besuchte, fuhr gern mit dem Dampfer zu Taucher Harmstorf.

Der Besuch bei Taucher Harmstorf war für Familien ein aufregendes Ereignis, das an ein Volksfest erinnerte. Es gab sogar Konzerte mit bis zu 60 Musikern einer Harburger Musikschule oder einer Militärkapelle. Außerdem traten Akrobaten auf, und immer wieder stieg ein buntes Feuerwerk in den abendlichen Himmel.

Ausflugsschiffe konnten an einem langen Steg festmachen und Besucher an Land lassen. Sie gingen dann zur Einstimmung auf die Taucherschau an den Resten geborgener Schiffe vorbei über einen Badestrand hinweg zu den Vorführungen.

Für die Zuschauer war es abenteuerlich zu sehen, wie ein halb versunkener Schleppdampfer von einem Bergungsschiff gestützt wurde, um nicht zu versinken.

Als Friedrich Matthias Harmstorf 1903 starb, führte seine Frau den Betrieb mit ihren Söhnen Friedrich, Alnwick und Ottar weiter. Ihre Namen entsprachen denen von gehobenen Schiffen. Im Juni 1915 kam der Sohn Friedrich ums Leben, als er Wracks sprengte, die die Einfahrt des lettischen Hafens Libau versperrten.

Der Erste Weltkrieg machte Schluss mit dem Showrummel, 1918 wandten sich die Harmstorfs wieder ganz dem Tauch- und Bergungsgeschäft zu. Aus dieser Zeit stammt der halb zerfallene hölzerne Rumpf am Falkensteiner Ufer. Er gehört zu dem finnischen Dreimastschoner POLSTJÄRNAN, der im Oktober 1926 mit einer Ladung Holz auf dem Weg nach England den Nord-Ostsee-Kanal passierte. Im Kanal zu segeln ist verboten, die Schiffe hätten nicht genug Raum für ihre Manöver. Die POLSTJÄRNAN benötigte trotzdem keinen Schlepper, sondern ließ ihren Zweizylinder-Glühkopfmotor tuckern, der sie mit eigener Kraft Richtung Brunsbüttel schob. Draußen in der Elbmündung würde man wieder Segel setzen.

Der Kopf solcher Motoren wurde mit einer Lötlampe erhitzt, bis er tatsächlich glühte. Dann drehte man mit einer Kurbel die Zylinder bis zur ersten Kompression hoch. Der Treibstoff erhitzte sich an dem heißen Kopf, explodierte, und die Fahrt begann. Die Köpfe wurden von den regelmäßigen Explosionen immer glühend gehalten. Dieses Glühen wurde dem Holzfrachter am 20. Oktober 1926 zum Verhängnis. Das geladene Kistenholz setzte sich vor der Brunsbütteler Schleuse in Brand. Ein Cuxhavener Schlepper nahm den brennenden Segler auf den Haken und setzte ihn in der Nähe des Feuerschiffs ELBE 2 vor Grimmershörn

Das Wrack des Seglers liegt noch heute am Ufer, ist aber inzwischen weitgehend vom Wasser zerstört.

Der Weg über den Steg führte an den Spezialschiffen des Tauchunternehmens vorbei.

Taucher Harmstorf.

nahe Cuxhaven auf Sand. Das gerade vorüberkommende Hamburger Motorschiff WALTRAUD HORN konnte die Besatzung vollständig retten. Es war ein neues Motorschiff, das die Hamburger Reederei Horn-Linie gerade erst in Dienst gestellt hatte und das von seiner ersten Karibikreise zurückkam. Das brennende Schiff überließ man zwischen Kugelbake und Alter Liebe zunächst seinem Schicksal.

Erst eine Woche später erteilte die zuständige Versicherung den Hamburger Schlepperunternehmern Jordan & Silberbauer den Auftrag, das Schiff zu bergen und die Ladung zu retten. Gemeinsam mit den Fachleuten von Harmstorf wollte man die Rettung versuchen. Am Montag – das Schiff brannte immer noch – gingen der Hamburger Schleppdampfer CONDOR und ein Tauchprahm bei der POLSTJÄRNAN längsseits und begannen, mit dicken Wasserstrahlen das Feuer zu löschen. Aber eindringendes Löschwasser setzte den Segler langsam unter Wasser, sodass Lenzpumpen auf dem Prahm ihn erst einmal wieder schwimmfähig machen mussten.

Gegen Mittag spannte CONDOR an, der Tauchprahm blieb längsseits, weil seine starken Pumpen noch immer gebraucht wurden, um die POLSTJÄRNAN über Wasser zu halten. Der Schleppzug kam mit der auflaufenden Tide bis zum Falkensteiner Ufer und ließ dort am Gelände von Harmstorf erst einmal die Anker fallen. Man wartete auf weitere Anweisung der Versicherer. Die Antwort kam am Mittwoch früh: »Schiff dort liegen lassen. Es wird über dasselbe verfügt.«

Das war das Letzte, was man von der Versicherung hörte, denn es stellte sich heraus, dass die POLSTJÄRNAN nach dem Einbau des Glühkopfmotors nicht mehr ordnungsgemäß versichert war. Die nächste auflaufende Tide schob den Segler, dessen Vorschiff tief im Wasser lag, weiter auf den Sandstrand. Dort lag er mit starker Schlagseite und musste mühsam wieder aufgerichtet werden.

Um weniger Toppgewicht zu haben, nahm man die Stengen, die oberen Teile der Masten, herunter. Weil er bei Hochwasser immer wieder aufschwamm, wurde der Rumpf der POLSTJÄRNAN schließlich mit Steinen aufgefüllt und liegt seither als Wellenbrecher vor dem Ufer. Die beiden Zylinder des Glühkopfmotors, der das Schicksal des Schiffes besiegelte, sind noch heute deutlich zu erkennen.

Wer genau hinsieht, kann im Hamburger Stadtteil Blankenese neben dem hölzernen Wrack weitere Spuren des einst beliebten Ausflugszieles »Taucher Harmstorf« erkennen. An der Ecke vom Strandweg zum Falkentaler Weg, nur wenige Schritte von dem Wrack der POLSTJÄRNAN entfernt, steht das ehemalige »Hotel zum Falkenthal«. Es ist heute ein Wohnhaus. Der Teich für die Vorführungen ist heute verschwunden, aber alte Blankeneser erinnern sich daran, dort früher Schlittschuh gelaufen zu sein.

Von den 1930er-Jahren an beschäftigte sich Harmstorf damit, Kabel durch Seen oder Flüsse zu verlegen.

Nach dem Zweiten Weltkrieg beseitigte das Unternehmen die zerbombten Wracks des Krieges aus dem Hamburger Hafen. Die Söhne Alnwick und Rudolf haben die Firma Alnwick Harmstorf und die Söhne Ottar, Hermann und Harald die Firma Ottar Harmstorf & Söhne übernommen und fortgeführt.

Lotsengeschichten

Anspruch und zahlten gut für die Beratung beim Segeln. Oevelgönner und Neumühlener hatten sich deshalb am 13. Januar 1745 zur »treuverbundenen Lotsenbrüderschaft zu Oevelgönne und Neumühlen« zusammengeschlossen. Sie leiteten Hamburg anlaufende Schiffe insbesondere um die Untiefe des sogenannten »Hamburger Sandes«, der querab von Altona die Passage erschwerte.

Da die Blankeneser ebenfalls Revierkenntnis hatten und die Schiffer gut dafür bezahlten, sicher in den Hafen zu kommen, mischten auch sie in dem Geschäft mit. Am 29. März 1798 gründeten sie eine eigene Bruderschaft mit den Ältermännern Peter Stehr, Peter Mewesen und Arend Bauch. Die neu gegründete Vereinigung geriet prompt mit den Neumühlenern und Oevelgönnern in Streit. Um ihn zu schlichten, legte die Obrigkeit fest, dass von den 50 holsteinischen Hauptlotsen zehn in Blankenese wohnen durften. Aber

den Schiffern an, sie in die Elbe hineinzulotsen. Dabei kamen sie aber mit den Helgoländern in Konflikt, die sogleich eine Abordnung zum dänischen König schickten und sich darüber beschwerten, dass im Jahr 1786 von 23 Schiffen, die an einem Tag aufkamen, allein 20 von Blankenesern gelotst worden wären.

Daraufhin veröffentlichten die »Schleswig-Holsteinischen Provinzialberichte« von 1787 die neuen Bestimmungen: »Nach demselben sind die Helgoländer die befugten Lotsen, um und bei ihrer Insel, in Ansehung aller nach der Weser, Elbe, Eider und Hever gehenden Schiffe. Die Blankeneser dürfen nur Schiffe annehmen, um sie nach Helgoland zu bringen und sie dort mit ordentlichen Lotsen versehen zu lassen. Noch weniger dürfen sie den Schiffen aufpassen, den Helgoländern voreilen, sich vor denselben zu drängen, oder wenn diese sie ablösen zu wollen, die Abgebung verweigern.«

Die Blankeneser Lotsen hatten für ihren Versetzdienst die Lotsenyacht GLORIA DEO, ein seetüchtiges Schiff, auf dem die Revierkundigen auf die nächsten Fahrten warteten. Der Dienst auf See war nicht ungefährlich, solche Schiffe wurden hin und wieder auch Opfer der See.

Schiffen, die in Not geraten waren, durften sie aber helfen. Und das lohnte sich auch. So ist ein Fall aktenkundig, nach dem Franz Tiemann und drei andere Blankeneser Fischer 1756 für die Bergung einer holländischen Tjalk 2.801 Mark banco einstrichen. Allerdings mussten sie neun Jahre lang vor den Hamburger Schifferalten um ihr Geld streiten, weshalb der Fall in die Archive geriet.

Wegen der lohnenden Bergeprämien lagen oft Blankeneser Fischer in Cuxhaven bereit, um Schiffen aus einer Notlage zu helfen. Der Hafenkapitän beobachtete allerdings, dass diese oft Schiffen ihre Hilfe aufdrängten, obgleich diese gar keine benötigten. Darüber beschwerte er sich beim Hamburger Senat.

Ein für alle Mal schienen die Zuständigkeiten aber mit der Bestimmung von 1787 nicht geklärt zu sein. Denn 1792 beschwerten sich die Helgoländer erneut beim zuständigen Landdrosten in Pinneberg, die Blankeneser hätten wieder einmal unbefugt gelotst.

Außerdem beschuldigten sie die Blankeneser, die das nicht unwidersprochen hinnehmen wollten, sie würden falsch aussagen. Doch mit der Beschuldigung kamen sie bei dem Landdrosten schlecht an. Der nämlich hatte bisher immer einen guten Eindruck von den Fischern vom Elbufer und teilte das auch den Männern vom roten Felsen mit: »Es gereicht zur Ehre der Blankeneser, dass niemals, solange man sich besinnen kann, ein falscher Eid von ihnen abgelegt worden, so dass sie, welche beständig auf der See sich aufhalten und deshalb befürchten müssen, auf eine oder andere zufällige Art ihr Leben einzubüßen, nichts Heiligeres als den Eid kennen und solchen abzulegen sich weigern bis aufs Aeußerste, wie sie denn auch endlich, wenn sie ein oder anderes Verbrechen begangen haben, solches sofort, als sie auf den Eyd gefordert werden, wovon ich die überzeugendsten Beweise gehabt, freiwillig eingestehen.«

Konfliktfrei war das Verhältnis zwischen den Lotsen auf dem Fluss anscheinend nie, wobei sicherlich der **Neid** eine gewisse Rolle spielte.

Konfliktfrei war das Verhältnis zwischen den Lotsen auf dem Fluss anscheinend nie, wobei sicherlich der Neid eine gewisse Rolle spielte. So weigerten sich die Lotsen von Neumühlen, die Blankeneser in die Witwenkasse ihrer Bruderschaft aufzunehmen, weil die Kasse dadurch »einer schweren Last unterliegen würde«. Was zur Folge hatte, dass zehn Blankeneser Lotsen, als sie in die Oevelgönner Bruderschaft aufgenommen wurden, sich beharrlich weigerten Beiträge in die Witwenkasse zu zahlen, aus der sie ja ohnehin keinen Nutzen haben würden. Also gründeten sie 1796 eine eigene Witwenkasse.

Lotsen erlebten gute und schlechte Zeiten. So vermerkt der Chronist Richard Ehrenberg 1897: »In der Periode 1853 bis 1864 scheint sich der Verdienst der Lotsen verdoppelt zu haben. Wobei freilich das damalige starke Sinken des Geldwerthes in Folge der Entdeckung der californischen Goldfelder zu berücksichtigen ist. Immerhin ist es gar keine Frage, dass das mühsame und verantwortungsreiche Lootsengewerbe im Laufe des Jahrhunderts sich durchschnittlich einer Steigerung seines Ertrages zu erfreuen gehabt hat, welche nicht nur der erhöhten Schwierigkeit seiner Ausübung, sondern auch der erhöhten Lebenshaltung unserer Zeit zu entsprechen geeignet ist.«

Auf dem hohen Uferweg,

zu dem der breite Strom heraufglänzt,

mit Schiffen, die klein wie Spielzeuge scheinen,

und jedes ist großer Schicksale voll ...

Richard Dehmel, 1918

Einen eigenen Kopf scheinen die Blankeneser Lotsen aber immer gehabt zu haben. Das beweist die Geschichte des Elblotsen, der vor einigen Jahren den bundesdeutschen Zerstörer MÖLDERS bei schwerem Wetter elbaufwärts geleitete. Die Empfehlungen, die er dem Kommandanten gab, wurden in Befehle umgesetzt und durch die hierarchische Ordnung der Dienstgrade zum Rudergänger weitergegeben. Das dauerte. Der Rudergänger wiederum bestätigte jedes ausgeführte Kommando. Seine Antwort lief über die Dienstgrade zurück zum Kommandanten. Erst dann konnte ein neuer Befehl erteilt werden.

Doch das Wetter wechselte immer schneller, deshalb waren nicht nur schnelle Empfehlungen, sondern deren umgehende Ausführung notwendig. Schneesturm behinderte die Sicht. Der erfahrene Lotse wurde nervös. Jeden Augenblick konnte das große Schiff auf Sand laufen oder mit einem anderen Schiff kollidieren. »So«, sagte er deshalb und wandte sich direkt an den Rudergänger, »nu heuert wi mit denn Speelkrom op! Nu segg ick di wat mokt ward!«

Auf diese Weise führte er den Zerstörer sicher und wohlbehalten nach Hamburg. Der Kommandant allerdings war außer sich und beschwerte sich beim Verteidigungsministerium. Das reichte die Beschwerde weiter an den Bundesverkehrsminister, dem die Lotsenbrüderschaften unterstehen. Doch der hat keine disziplinarischen Eingriffsmöglichkeiten. Die Beschwerde verlief also im Sand.

Im Fischereihafen von Cuxhaven unterhalb der Hapag-Hallen für die Passagierabfertigung lag oft eine große Zahl Blankeneser Fischkutter. Die Besatzungen versuchten, als Lotsen angenommen zu werden, sie halfen aber auch beim Bergen havarierter Schiffe.

Auch vor Helgoland lagen oft Blankeneser in Bereitschaft und gerieten mit den konkurrierenden Inselbewohnern in Streit. Immer wieder musste die Obrigkeit eingreifen und eindeutige Regelungen erlassen. In alten Urkunden steht zudem, sie hätten »allerley Unfug« getrieben.

Strandräuber, Schmuggler und Piraten

Ihre Schiffe seien nicht vorschriftsmäßig vertäut, und die Segler trieben »allerley Unfug«.

Blankeneser waren nicht zimperlich, wenn ein Schiffer mit seinem Fahrzeug in ihrer Reichweite auf dem Strand scheiterte. In einer Hamburger Chronik findet sich ein Kapitel, wonach 1729 ein holländisches Schiff auf dem Wege nach Hamburg von schwerem Eisgang leckgeschlagen war und vor Blankenese auf den Strand geriet. Die Blankeneser hatten es in aller Ruhe ausgeplündert.

Schon im Juni 1720 war zwar die königliche Abgabeverordnung für Bergungsgut erneuert worden, aber kaum jemand hatte sich darum gekümmert. Daher sollte sie künftig strenger durchgesetzt werden, was bei Blankeneser Fischern auf Widerstand stieß. Sie sahen ihr Einkommen geschmälert, zeigten sich bockig und gaben zu bedenken: »Wenn etwa eine Veränderung zur Verminderung des Bergelohnes gemacht werden solte, so wollten sie in künftige lieber der sich dabey ausstehenden großen Lebens Gefahr nicht weiter exponieren. Besonderen alles völlig verunglücken und treiben lassen.«

Was sie wohl auch befolgt haben und damit nicht allein standen. Denn im Jahre 1724 beklagte sich Georg, König von England, Herzog von Braunschweig und Lüneburg, dass »Blankeneser, Altonaer und Helgoländer gestrandeten Schiffen nicht nur die schuldige Folge verweigert, sondern das darauf befindliche Schiffsvolck mit Gewalt davongetrieben habe«. König Georg bewertete

dies als ein den »Ruin des Commercii gereichendes Unwesen« und befahl, künftig Hilfe zu leisten.

Aber es blieb alles vergebens. Am 16. Juni 1785 zeigte ein Hamburger Kaufmann Blankeneser Fischer an, weil sie versucht hatten, ihm seine eigenen acht Fässer Öl, die bei einer Havarie verloren gegangen waren, zurückzuverkaufen. Der Blankeneser Thies Stehr gab zu Protokoll, »er könne keineswegs leugnen, daß er nebst Joachim Schade, Thies Tiemann und Jürgen Schult acht Fässer Oehl, an den Kaufmann Ernst für 47 Reichstaler das Faß verkauft hätte. Dieses Oehl hätten Claus Breckwoldt (Groot Claas) und Peter Thiemann (Schierhaar), Joachims Sohn, in offener See gefunden. Da keine Vorfrage wegen dieser Sache seither geschehen, glaubten sie, dass kein Eigentümer zu dieser Waare wäre. Claus Breckwoldt und Peter Tiemann wären in diesem Augenblick zur See verreist und konnten deshalb nicht erscheinen ...«

1788 beschwerte sich der Cuxhavener Hafenmeister über die Blankeneser. Er beklagte, dass 80 bis 100 Ewer oft monatelang im Cuxhavener Hafengebiet lägen, weil sie dort auf neues Bergungsgut warteten. Ihre Schiffe seien nicht vorschriftsmäßig vertäut, und die Segler trieben »allerley Unfug«. Was auch später immer wieder mal vorkam, wenn eine größere Anzahl Blankeneser Segler in einem Hafen festgemacht hat ...

Ein Zeitzeuge schreibt noch 1801: »Vor einigen Jahren scheiterte ein Schiff an der Elbe, das dem König von Preußen eine große Sammlung der schönsten Ausgüsse von Statuen, Büsten, Basreliefs und dergleichen von Rom brachte. Von den barbarischen Blankeneser Seeleuten ward ein Theil der Kästen, worin die Kunstwerke sorgsamst gepackt waren, in den Schiffstrümmern erbrochen, und weil sie nur Gips darin fanden, zerschlagen und ins Wasser geworfen. Ein andrer Theil ward unbeschädigt geborgen und auf Befehl des Hofes, vielleicht, weil man in Berlin die Sachen für beschädigter hielt als sie wirklich waren, in Blankenese verkauft. Die Versteigerung war entweder nicht bekannt geworden oder es fanden sich keine Käufer; und so erhielt der Architekt Hansen diese Kunstwerke fast unter dem Werth des Gipses. Sie sind von ihm in dem schönen Landhause des Herrn Godeffroy in Dockenhuden zur Verzierung angewendet.« Das Landhaus Godeffroy im Hirschpark wurde 1789–90 gebaut, die Reliefs sind noch immer in der Eingangshalle zu sehen.

Wie stark das Strandrecht noch bis ins 19. Jahrhundert hinein ausgeübt wurde, belegen Abrechnungen der Herrschaft Pinneberg. Der größte Einnahmeposten betrug 27.859 Taler und stammte aus dem Erlös von Waren, die nach Strandungen versteigert worden waren. Dabei erhielt die Herrschaft (= Grafschaft) nur ein Drittel dessen, was erlöst worden war. Insgesamt waren also noch 1801 Waren im Wert von 83.577 Talern nach Strandungen geborgen und versteigert worden. Das war damals eine Menge Geld.

Tatkräftige Unterstützung erhielten die Strandräuber des Elbufers im 17. Jahrhundert. Donoug Macarty, der Earl of Macarty aus einem alten irischen Adelsgeschlecht, hatte sich bei einem der Machtkämpfe um den britischen Königsthron auf die falsche Seite gestellt, war drei Jahre lang im Tower eingekerkert, konnte fliehen und ließ sich 1703 am Wittenbergener Elbstrand nieder. Dort lebte er vom Strandraub. Er ermunterte Blankeneser Seeleute, ihm bei Bergungsgeschäften behilflich zu sein, was diese der Überlieferung zufolge auch gern taten. Man war ja generell nicht ungefällig.

Der irische Adlige weitete sein Revier nach einiger Zeit so weit aus, dass sogar auf einer Insel in der Emsmündung ein Pfahl mit einem Hinweisschild gestanden haben soll. Darauf bot er an, dass jeder, der ihm in der See treibende Güter zuführe, davon mindestens die Hälfte erhalten solle. Auf diese Weise soll es zu vielen Geschäften mit Waren gekommen sein, an denen man beim besten Willen keinerlei Spuren davon entdecken konnte, dass diese herrenlos in der See getrieben hätten. Der Earl starb im Jahre 1734. Die Strandräuber der Elbe hatten einen ihrer ganz Großen verloren.

Danach war der Ruf der Blankeneser als Strandräuber begründet. Eine andere Art, wie sie zum Seeraub kamen, galt zu jener Zeit noch als völlig legal. Staaten unterhielten zu jener Zeit keine ausgesprochenen Marineschiffe. Wer seinem Gegner zur See schaden wollte, der stellte Kaperbriefe aus, die erlaubten, Schiffe feindlicher Länder anzugreifen und auszurauben. Oftmals mit weitreichenden Folgen. So ließen diejenigen Schiffer, die zunächst mit Kaperbriefen der dänischen Königin Margarete auf Raub ausgezogen waren, davon auch nach Ende der kriegerischen Handlungen nicht ab, sondern handelten nun auf eigene Faust und entwickelten sich zunächst in der Ostsee, später auch in der Nordsee unter ihrem Anführer Klaus Störtebeker

Noch im 19. Jahrhundert war es üblich, Kaperbriefe zu erwerben, mit denen man ganz offiziell gegnerische Schiffe aufbringen und als Prise nehmen konnte. 1811 ließ der Blankeneser Kapitän Hein Lange von einem Schiffsmaler festhalten, wie er mit seinem Kaperkutter unter dänischer Flagge den englischen Segler Lawise verfolgte. Wie der Kampf ausging, ist nicht überliefert.

Noch 1816 beschwerte sich der Ritzebütteler Amtmann Amandus Augustus Abendroth über Seeraub, begangen von Blankenesern.

zu einer Seeplage, für deren Bekämpfung der Hamburger Senat allerhand aufbieten musste. Eine oft erzählte Überlieferung behauptet zwar, dass Blankeneser Fischer dabei geholfen hätten, den legendären Piraten gefangen zu nehmen, indem sie Störtebeker geschmolzenes Blei in die Ruderaufhängung seiner Kogge gegossen haben, um ihn manövrierunfähig zu machen. Das ist aber unglaubwürdig. Auf so gutem Fuß standen sie mit den Hamburgern nicht, ja es ist eher zu vermuten, dass ihre Sympathien aufseiten des bekannten Piraten lagen.

Und die Blankeneser selbst? Die besorgten sich Kaperbriefe vom »Königlichen Admiralitets und Comissariats Collegium« in Kopenhagen, die ermächtigten, »Schiffe und Fahrzeuge, welche der Großbritannischen Krone oder ihren Unterthanen gehören, ... aufzubringen, und, wenn es nötig ist, zu vernichten.«

Der Blankeneser Hein Lange erwarb 1811 eine solche Vollmacht, rüstete einen Kutter aus und ging auf Kaperfahrt. Über den Erfolg seiner Fahrten ist wenig aktenkundig, es ist nur ein Aquarell überliefert, das zeigt, wie sein Kutter den englischen Schoner LAWISE verfolgt.

Aber auch ohne verbrieftes Recht scheint der Seeraub den Blankenesern nicht so ganz fremd gewesen zu sein. Noch 1816 beschwerte sich der Ritzebütteler Amtmann Amandus Augustus Abendroth über Seeraub, begangen von Blankenesern. Vielleicht war die Amtsgewalt dieses Mannes einfach nicht abschreckend genug. Denn der deutsche Historiker Heinrich von Treitschke formuliert in seinem Buch »Deutsche Geschichte im 19. Jahrhundert« über den Amtsträger: »In ganz Deutschland gab es keinen so ganz unbeschränkten Gewalthaber wie jenen Senator, der als Proconsul in dem schönen alten Schloss von Ritzebüttel hauste und die Elbmündung mit einer Batterie unbrauchbarer Kanonen bewachte.« Man musste schon mehr Macht demonstrieren, um Blankenesern seinen Willen aufzuzwingen.

Doch wenn jemand, der nicht am Elbhang wohnt, Blankeneser als Piraten bezeichnet, dann reagieren sie durchaus beleidigt. So hatte eine deutsche Zeitschrift im Jahre 1826 berichtet, wie eine schiffbrüchige Familie von den Blankenesern ausgeplündert wurde. Das wollte man nicht auf sich sitzen lassen. So beschlossen die Dorfbewohner unter der Führung des Vogts von Appen, dagegen zu klagen. Das zuständige Gericht saß in Glückstadt, der beklagte Verlag aber in Leipzig. Also brachte man die Klage vor den dänischen König und bat um Vermittlung. Aber aus Kopenhagen kam der Bescheid, die dänische Majestät halte die Angelegenheit »zu einem Einschreiten auf diplomatischem Weg keinesfalls für geeignet«. Und das Landratsamt in Pinneberg schrieb ein Gutachten, in dem es hieß, »dass von den Besten unter den Blankenesern alles getan wird, um durch ein regelmäßiges Verfahren bei Strandungen den vielleicht früher nicht ganz mit Unrecht verschuldeten üblen Ruf der Blankeneser auszumerzen und dieses auch auf das Beste gelingt«. Eine solche Formulierung spricht die Blankeneser nicht von Schuld frei, räumt aber ein, dass dieses Verhalten sich gebessert habe.

Neben Strandraub und Kaperfahrten gehört der Schmuggel zu den Tätigkeiten, die man Küstenbewohnern immer wieder unterstellt. Was wohl auch in Blankenese zutraf. Es wird überliefert, dass die Frauen unter ihrer Oberbekleidung die Polsterkissen und Unterröcke

*Neben **Strandraub** und **Kaperfahrten** gehört der **Schmuggel** zu den Tätigkeiten, die man Küstenbewohnern immer wieder **unterstellt.***

wegließen, an ihre Stelle eine hochgebundene Schürze banden und daraus Taschen formten. Wenn eine so vorbereitete Frau über die Grenze zwischen Altona und Hamburg ging, stand ihr faltenreicher Oberrock noch nicht von den Hüften ab, desto mehr aber, wenn sie nach Blankenese zurückkehrte.

Aber auch von den das Blankeneser Ufer anlaufenden Schiffen wurde geschmuggelt. Zwar gab es an Land mit Gewehren bewaffnete Zollkontrolleure, die jedes auf den Sand laufende Schiff streng untersuchten. Aber die Schmuggler versuchten, sie auszutricksen. Kaum war es dunkel, wriggte einer der Seeleute mit der lautlosen Rudertechnik der Schmuggler an Land. Seine Bordkameraden luden derweil die Zollkontrolleure zu manchem Glas Grog ein, das weniger wachsam machte, während die Seeleute zentnerweise Konterbande an Land brachten.

Am Fuße der steilen Treppe zum Fährhaus wachte der dänische Zoll. Das Zollhaus ist links von der Treppe zu erkennen, davor patrouillieren dänische Zollbeamte.

Nacktbadende vertrieben Frauen in die Häuser

Die Resultate überraschen eigentlich niemanden – die Qualitätskriterien für Badegewässer erfüllt die Elbe nicht.

Am schönsten ist die Elbe dort, wo keine Stacks, die aus Steinen aufgepackten Uferbefestigungen, den Sandstrand vom Wasser trennen. Aber solche Stellen sind nur noch selten. Die immer wieder vertiefte Elbe und die damit verbundene erhöhte Strömungsgeschwindigkeit, außerdem der starke Schwell der immer größer gewordenen Schiffe, machten es notwendig, die Ufer zu befestigen.

Aber auch dort, wo das dunkle Wasser der Elbe noch den hellen Sand direkt überspült, wo also die am Strand Lagernden ins Wasser gehen können, ohne über Steinpackungen klettern zu müssen, sind selbst bei schönstem Wetter nur wenige Menschen im Wasser zu sehen. Die Strömung der Elbe ist stark, sie verstärkt sich beängstigend im Sog und dem anschließend wieder heftig aufbrandenden Schwell, wenn Schiffe vorbeifahren. Unerfahrene unterschätzen diese Wirkung des Wassers immer wieder.

Wenn die Flut einsetzt, strömt es mit rund 4,5 Kilometer pro Stunde. Das sind 1,2 Meter pro Sekunde. Selbst ein geübter und guter Schwimmer schafft mit kräftigen Zügen nur etwa drei Kilometer pro Stunde. Wer in die Elbe hinausgezogen wird, hat kaum eine Chance, aus eigener Kraft wieder ans Ufer zu kommen. Und wer in dem von Sedimenten trüben Wasser erst einmal untergetaucht ist, den können Retter wegen dieser schlechten Sicht kaum noch entdecken. Baden ist trotzdem in der Elbe nicht verboten, denn laut Gesetz fällt das Baden in Gewässern grundsätzlich unter den sogenannten Gemeingebrauch. Es zu verbieten braucht also stärkere Gründe.

Die Behörde für Stadtentwicklung und Umwelt untersucht während der Sommermonate regelmäßig die bakterielle Belastung der Elbe und zieht Proben bei Oevelgönne und Wittenbergen. Dabei orientiert sie sich an Vorgaben für ausgewiesene Badegewässer. Die Resultate überraschen eigentlich niemanden – die Qualitätskriterien für Badegewässer erfüllt die Elbe nicht. Die Bakterienbelastung ist höher – besonders nach starken Regenfällen, wenn die Gullys das Regen- und Abwasser nicht mehr fassen können und es unmittelbar in die Elbe läuft.

GRUSS aus BLANKENESE

Hauptstrasse

Johs. Krüger's Buchdruckerei in Blankenese.

Städter, die in die »Sommerfrische« fuhren, kamen gern nach Blankenese. Die Badekleidung an der Wende zum 20. Jahrhundert war noch sehr gesittet. Aber es gab auch immer wieder Beschwerden über Menschen, die nackt badeten und damit den Ärger der Öffentlichkeit erregten.

Zu Zeiten unserer Großväter, als der Begriff »Umweltschutz« noch wie ein Fremdwort klang, nahm so etwas niemand wirklich ernst. Besonders von Mitte des 19. Jahrhunderts an entdeckte die bürgerliche Welt, dass Arbeit nicht alles ist, und fuhr während der Sommermonate mehr oder weniger lang in die »Sommerfrische«. Man reiste in die aufstrebenden Bäder an der Ostsee, kam aber auch nach Blankenese und quartierte sich bei Fischerfamilien in Gästezimmern ein. Für den Ort an der Elbe sprach dabei laut einer alten Werbeschrift »die Nähe der Nordsee und der täglichen zweimaligen Ebbe und Fluth. Das bewirkt eine angenehme, milde Seeluft, deren wohltuender Einfluss auf die Gesundheit und das Allgemeinbefinden hinreichend bekannt ist. Es ist vorteilhaft für diejenigen, welche die directe Seeluft und das Seeklima überhaupt nicht vertragen, oder aus irgendwelchen Gründen das Leben in einem Seebad nicht behagt.«

Im 19. Jahrhundert galt es als unschicklich und anstößig, wenn eine Dame in Sichtweite von Männern badete. Obgleich die damals übliche Badebekleidung sehr viel mehr verhüllte als heute. Als Lösung gab es Badekarren, die ins Wasser geschoben wurden, damit die Damen dort mit Sichtschutz das Vergnügen im Wasser genießen konnten.

Die *Badenden* vor *Blankenese* hingegen verzichteten oft auf jegliche **Bekleidung**.

Aber das Baden in der Elbe erregte im 19. Jahrhundert die Gemüter. Damals trugen Damen und Herren an offiziellen Badeständen züchtige Badeanzüge, die nur wenig Haut sehen ließen. Die Badenden vor Blankenese hingegen verzichteten oft auf jegliche Bekleidung. Was Empörung bei den sittsamen Blankenesern weckte: So beschwerte sich ein Leserbriefschreiber bei den »Norddeutschen Nachrichten«: »Der äußerst bequeme, mitten im Ort gelegene Herrenbadeplatz wird ganz besonders fleißig frequentiert; vom frühen Morgen bis zum späten Abend sieht man Badegäste jeder Größe, welche sich hier nach Herzenslust in ungeniertester Weise im Kostüm ihres Ahnherren Adam – und zwar größtenteils ohne Feigenblatt – bewegen, bald im Wasser, bald im warmen Sand sich tummelnd, zum nicht geringen Entsetzen der Passanten, der Anwohner und der vielen Sommergäste, welche in jener Gegend Quartier genommen und denen doch jetzt der Aufenthalt im Freien aus leicht zu erratenden Gründen verleidet ist.«

Am 7. Juni 1887 beschwerte sich ein Briefschreiber beim Kirchspielvogt über denselben Tatbestand: »Auf dem entlangführenden, in den frühen Morgenstunden von Personen beiderlei Geschlechts stark in Anspruch genommenen Fußweg ist ein Passieren dieses doch öffentlichen Weges durch Damen ohne Verletzung des Schamhaftigkeitsgefühls zur Unmöglichkeit geworden.«

Also musste derlei Treiben mit einem Verbot Einhalt geboten werden. Am 3. Juli 1877 erließ der Vogt also ein Nacktbadeverbot. Was aber wenig beachtet wurde, obgleich ein »Circulaire« durch die Amtsstuben von Gendarmen und Ortspolizisten kreiste und von jeder Amtsperson gegengezeichnet werden musste.

Am 20. August desselben Jahres beschwerten sich Besitzer von Ufergrundstücken beim Landrat in Pinneberg als nächsthöherer Instanz, »daß des Abends von 6 Uhr an bis zum Dunkelwerden auch an Sonntagen eine große Anzahl von Fabrikarbeitern aus Ottensen sich zum Baden vom offenen Elbstrande aus in den hiesigen Distrikt begeben und während des Badens sich in dem Maße unanständig und roh benehmen, daß die Bewohner der unmittelbar gelegenen Gutsbesitzungen die weiblichen Mitglieder ihrer Familien nicht in den Gärten belassen, sondern in die Häuser verweisen mußten. Die Badenden liefen stundenlang ganz nackt am Strande umher.«

»... Die Obrigkeit hatte das Baden am offenen Strande zwar verboten, aber die Obrigkeit war in Blankenese nur schwach vertreten ...«

Ein anderer Kläger beschwerte sich 1888, »dass am Strande ein jeder Sittlichkeit spottendes Leben herrscht, derart, dass die Damen gar nicht mehr wagen sich dem Strande zu nähern! Knaben und junge Leute ohne jede Bekleidung frönen ohne jede Scham der Lust zu Baden, fahren im Boot am Strand entlang, durchaus im Adamskostüm.« Was den Schreiber des Beschwerdebriefes aber am meisten zu empören schien: »Nähert man sich diesen Herrschaften und stellt sie zur Rede, so bekommt man Antworten, die nicht wiederzugeben sind.«

Abhilfe sollten schließlich keine Verbote bringen, sondern ein Badeschiff, etwa 30 Meter vom Ufer entfernt, das Kapitän Johannes Breckwoldt zwischen 1888 und 1901 betrieb und das getrennte Kabinen für Damen und Herren hatte. Wer sich nun noch empören wollte, brauchte ein Fernglas. Aber schon 1901 war das Schiff wieder verschwunden. Und niemand hat es vermisst.

Aus der Sicht Blankeneser Jugendlicher war das Badeschiff ohnehin entbehrlich. Eine Erinnerung von 1929 schildert, wie unkompliziert sie das Baden handhabten: »Mehrmals am Tage wurde von Knaben und Mädchen ohne Zimperlichkeit gebadet. Badehose und Handtuch kannten wir nicht. Nach dem Bade wurde ein ausgiebiges Sonnenbad genommen, oder man fuhr mit dem nassen Körper ins Zeug. Die Obrigkeit hatte

Wenn an den Blankeneser Anlegern keine Fischkutter oder Barkassen lagen, nutzten auch Erholungssuchende sie gern. Zu Beginn des 20. Jahrhunderts waren die Blankeneser Strände oft dicht bevölkert und die Bekleidungsetikette etwas lockerer geworden.

das Baden am offenen Strande zwar verboten, aber die Obrigkeit war in Blankenese nur schwach vertreten ...«

Gar nicht im Blick hatte die Obrigkeit all jene Badegäste, die sich mit Booten auf die Elbinseln Böhaken und Kleiner Schweinesand übersetzen ließen. Das war von der Bootsvermietung Willi Kühn von dem Anleger unterhalb von Baurs Park und von Lorenz Breckwoldt am Strandhotel möglich. Von der westlichen Strandseite am Strandpavillon startete bis in die 60er-Jahre des vorigen Jahrhunderts Bootsvermieter Max »Maggi« von Helms mit Badegästen zu den Elbinseln. Die veränderten allerdings hin und wieder ihre Form. 1941/42 wurden sie weggebaggert, den Sand schüttete man zwischen den Inseln Großer Schweinesand, auch Meiers Sand genannt, und Hanskalbsand auf. So entstand der Neßsand. Auf der neu geschaffenen Wasserfläche erprobte Blohm + Voss nun Flugboote.

Besonders viele Starts und Landungen mussten die Blankeneser zwischen Juni 1948 bis Mai 1949 ertragen. Als die Sowjets Berlin aushungern wollten und die Verkehrswege blockierten, versorgten die Westalliierten die geteilte Stadt aus der Luft. Auch mit Flugbooten, denn die konnten ein Gut transportieren, das anderen Flugzeugen Probleme bereitete. Salz ließ Leitungen und Nietverbindungen normaler Flugzeuge korrodieren, Flugboote waren gegen solche Schäden geschützt, denn sie waren für Einsätze in Seewasser gebaut.

Der Weg unterhalb von Baurs Park führte zu Pontons, an denen früher Boote lagen, die zu den Badeinseln in der Elbe übersetzten. Jugendliche besserten ihr Taschengeld als Ruderer auf. Heute ist an der Stelle der Jollenhafen des Blankeneser Segel-Clubs.

Pütschern, Eisschippern und Rüschen

Kindervergnügen am Elbstrand

Dem Einpauken von Schulstoff im Klassenzimmer standen Abenteuer gegenüber, welche die Elbe bot.

Kinder vom Strand werden keine guten Schüler. Das war eine weitverbreitete Meinung. Zumindest unter Lehrern. Denn diese Kinder hatten zuviel Ablenkung. Dem Einpauken von Schulstoff im Klassenzimmer standen Abenteuer gegenüber, welche die Elbe bot. Während die Lehrer den Standpunkt des Philosophen Seneca vertraten, es sei wichtig, nicht für die Schule, sondern für das Leben zu lernen, lehrte die Elbe das wirkliche Leben. Damit bewies sich das Wort Goethes, wonach der echte Schüler lernt, aus dem Bekannten das Unbekannte zu entwickeln und sich so dem Meister nähert.

Von klein auf hatten Blankeneser Kinder aus dem Hanggebiet die größte Sandkiste direkt vor der Tür. Spielplätze mit Klettergerüsten brauchte man in einer solchen Umgebung nicht. Und Kinderbetreuung ebenfalls nicht, denn wer so eng nachbarschaftlich zusammenwohnt, hatte auch immer ein Auge auf die Nachbarskinder.

Die Elbe war nicht nur ein Sommerspielplatz, im Winter wurde er manchmal noch viel spannender. Bis in die 60er-Jahre des 20. Jahrhunderts waren die Winter noch härter, die Temperaturen niedriger. Und die Elbe war noch nicht von einem Längsstack eingeschnürt, der Steinpackung entlang der Wasserkante. Sondern es gab noch Stacks, die etwa alle 200 Meter quer in den Fluss hineinragten.

Der Schiffsverkehr war damals noch nicht so dicht, dass der häufige Schwell gar keine großen Eisschollen entstehen ließ.

Damals suchten sich Jugendliche bei Ebbe große Eisschollen, die tragfähig aussahen. Stücke, die ihnen geeignet erschienen, hackten sie noch mit einem sogenannten Peekhaken zurecht. Ein solcher Haken hat an einer drei bis fünf Meter langen Stange eine schmiedeeiserne Spitze, mit der man sich abstoßen, und einen Haken, mit dem man etwas heranziehen konnte. Zu Zeiten reetgedecker Häuser gehörte er zur Grundausstattung aller Haushalte. Denn damit konnte man im Falle eines Feuers das Reet herunterreißen.

Waren diese Vorbereitungen getroffen, dann musste man nur noch auf die nächste Flut warten. Wenn die Scholle aufgeschwommen war, stieß man sich mit dem Peekhaken von Grund ab und schipperte im ruhigeren Wasser zwischen den Stacks herum. Richtig gefährlich wurde es allerdings, wenn man in so tiefes Wasser geriet, dass die Stange nicht mehr zum Boden reichte. Dann verlor man die Kontrolle, weil man sich nirgendwo mehr abstoßen konnte, und trieb ab.

Einige wagten dann riskante Sprünge von Scholle zu Scholle, um irgendwie doch wieder an Land zu kommen. War das nicht mehr zu schaffen, dann war man dem Fluss ausgeliefert. Oft ging die Fahrt vorbei am Blankeneser Bull'n, wobei der Eisskipper dann stur geradeaus weg vom Land auf die Elbe schaute. Sonst hätten ihn die Leute ja erkannt, und er wäre lange zum Gespött geworden. In den 50er-Jahren ist einmal ein Junge von dem Ufer unterhalb von Baurs Park bis nach Wittenbergen getrieben. Dort nahm ihn ein Schlepper auf. Erzieherische Maßnahmen gestalteten sich in jenen Jahren noch ziemlich handfest. Eine Prozedur, die sich zu Hause wiederholte.

Denn es half kein Herumdrucksen, wenn man zu Hause angekommen war, hatte sich die Geschichte schon längst bis zu den Eltern herumgesprochen. Zur Sicherheit schlossen sich Jugendliche gern zu einer Flotte zusammen, die sich im Notfall gegenseitig helfen konnte.

Auf großen Eisschollen stakten die Jugendlichen mit Peekhaken durch das Wasser zwischen den Stacks am Elbufer. Gefährlich war es, wenn das Wasser zu tief wurde und der Peekhaken keinen Grund mehr fand. Dann war man der Elbe ausgeliefert.

Beim Pütschern musste man schnell von Scholle zu Scholle springen, was besondere Geschicklichkeit verlangte.

Noch mehr Geschicklichkeit verlangte eine »Sportart«, die bei den Jugendlichen Pütschern hieß. Das Areal dafür lag zwischen dem Bull'n und dem Strand. War das Wasser zugefroren, hackten die Jugendlichen es mit dem Peekhaken in kleinere Stücke. Dann ging es darum, über die kleinen Schollen gewissermaßen an Land zu laufen. Je kleiner die Schollen waren, desto mehr stieg die Achtung der anderen. Denn eine kleine Scholle durfte nur einmal kurz betreten werden, dann musste man sein Gewicht schon auf die nächste verlagern. Mittelgroße Schollen betrat man mit einem Fuß am vorderen Rand. Dabei ging die Scholle fast unter, und die gegenüberliegende Seite kam hoch. Dorthin musste man nun den nächsten Schritt setzen. Dabei sollte man seinen Weg aber gut bedacht und schon die nächste Scholle im Blick haben, um dorthin zu springen. Zwischendurch war es gut, eine größere Scholle zu erwischen, um einen Augenblick lang in Ruhe die nächsten Schritte zu planen.

BLANKENESE

Ein treffliches Kap!
Niemand sollte, zum Strand hinab,
die hundert Stufen übelnehmen.

Hans Leip, 1962

Gelang das nicht, landete man unweigerlich im Wasser. Nass aber konnte man nicht nach Hause kommen. Die Jugendlichen gingen dann ins Bootshaus von Mathias von Appen, um ihre Sachen zu trocknen. Der Mann hatte ein Herz für Jugendliche. Pflichtgemäß schimpfte er über den Leichtsinn – aber nicht allzu energisch. Denn als Jugendlicher hatte er das Spiel selbst getrieben.

Hatte es stark geschneit, dann versammelte sich die Blankeneser Jugend auf Schinkels Wiese zum Rüschen. Da hatte jeder seine Kreek dabei, einen Schlitten aus Holz, beschlagen mit Bandeisen. Solche Schlitten gibt es entlang der gesamten Nord- und Ostseeküste. Sie sind oft kunstvoll gebaut, auch wenn sie einfach aussehen. Man ahnt, dass sie aus den Händen von Leuten stammen, die auch starke Boote bauen können. Gesteuert wird eine solche Kreek nicht wie ein normaler Schlitten mit den Füßen, sondern mit einer Steuerlatte, so wie mit einer Pinne an einem Segelboot. Früher war die Blankeneser Hauptstraße eine beliebte Rüschbahn, heute herrscht dort zu viel Verkehr, und es wäre auch sehr teuer, mit einer Kreek in eines der parkenden Autos zu fahren.

Die Rodelbahn Schinkels Wiese wurde von den Jugendlichen selbst gepflegt. Schon Freitagabend präparierten ältere Jungen die Bahn mit Schnee und Wasser. Der Konkurrenzkampf begann schon beim Eintreffen an der abschüssigen Bahn. Denn die Jugendlichen begutachteten ihre Kreeken untereinander sehr kritisch. Manche davon waren schon sehr alt, manchmal sogar von den Urgroßvätern gebaut. Was aber ihren Wert nicht minderte. Im Gegenteil. War die Kreek schnell und solide, dann konnte das Sportgerät selbst einen gewissen Ruhm erwerben. Beim Bau eines solchen

Schlittens kam es auf die verwendeten Teile an. So galten eisernen Kufen, die der Schlossermeister Heinrich von Appen herstellte, als Garantie für rasante Abfahrten.

Als hohe Schule des Kreekfahrens galt »Maschopp« fahren. Ein Ausspruch, der wahrscheinlich von Mannschaft abgeleitet ist. Dabei halten die Jugendlichen die Steuerlatte der jeweils vorausfahrenden Kreek. Und rauscht als Kolonne zu Tal.

Wenn der Elbstrand schon im Winter so viel Abwechslung bot, dann steigerte sich das noch im Sommer. Bis in die 60er-Jahre des 20. Jahrhunderts hinein gab es in Blankenese noch keine Jollenhäfen, obgleich die Segelbegeisterung groß war. Stattdessen lagen auf der Elbe Pontons, einer vor dem Viereck, einer vor dem Strandhotel und ein weiterer unterhalb von Baurs Park. Dort konnte man Boote mieten, und dort lagen auch Sportboote, Jollen, Jollenkreuzer und kleine Kielschiffe. Die waren keinesfalls an Schlängeln festgemacht, den Schwimmstegen, sondern dümpelten im Wasser vor Anker. Also musste man vom Ponton aus mit kleinen Booten übersetzen.

Diese Aufgabe übernahmen gern einige Jugendliche, die sich immer auf den Pontons ihre Zeit vertrieben. Sie warteten auf den Ruf »Hol över«, um überzusetzen. Wer eine so begehrte Aufgabe übernehmen wollte, der musste das kleine Boot gut beherrschen, ebenso wie das Wriggen, das Rudern mit nur einem Riemen vom Heck aus. Zur Belohnung gab es ein kleines Trinkgeld. Wer viel Glück hatte, der durfte auch mal auf eines der Boote steigen und es »ausösen«, also das Wasser herausschöpfen, das sich unweigerlich im Boot angesammelt hatte.

Noch größer war das Glück, wenn die Eigner dazu einluden, eine Stunde lang mit zu segeln. Von einer solchen Chance träumte man den ganzen Sommer über.

Unter den Jugendlichen entstanden Rivalitäten, sie wollten möglichst wenige andere auf dem Ponton haben, weil das die eigenen Einsatzchancen minderte.

Mit dieser Freizeitbeschäftigung war es vorbei, als in den 1950er-Jahren mit Elbvertiefung und Fahrwasserverbeiterung die Ufer mit Steinen aufgeschüttet wurden. In dem Zuge entstanden die Jollenhäfen von Blankenese und am Mühlenberg, wo man bequem direkt vom Steg aus ins Boot steigen konnte.

Dort können Jugendliche heute auf Optimistenjollen ihre ersten Segelerfahrungen sammeln, denn beide Segelclubs am Elbufer, also der Blankeneser und der Mühlenberger, leisten gute Jugendarbeit.

Der Elbstrand bot Kindern einen vielseitigen Spielplatz. Er war sowohl Sandkiste als auch die Gelegenheit, erste Erfahrungen mit Booten zu sammeln.

So wuchsen Blankeneser Kinder ganz selbstverständlich in die Welt von Fischerei, Schiffen und Seefahrt hinein.

Wenn die Alten aus ihrer Erfahrung erzählten, dann hatten sie unter Kindern aufmerksame Zuhörer. Viele entwickelten damals schon den Wunsch, selbst einmal zur See zu fahren.

Der Kampf um die Osterfeuer

*Die **Blankeneser Feuer** sind so beliebt, dass mancher Einheimische sich insgeheim wünscht, man könnte wieder **unter sich sein**.*

Ostern ist Blankenese in Aufruhr. Alle Zufahrten zum Strand sind von der Polizei abgeriegelt, wer gemeinsam mit Blankenesern das mehr als 300 Jahre alte Brauchtum der Osterfeuer begehen will, muss sich zu Fuß auf den Weg machen. Denn die Blankeneser Feuer sind so beliebt, dass mancher Einheimische sich insgeheim wünscht, man könnte wieder unter sich sein. Blankeneser Jugendliche leben den Kult um die Feuer aus. Es beginnt zu Zeiten, da man sich eigentlich noch von Weihnachten erholt. Denn ausgediente Weihnachtsbäume sind ein wesentlicher Bestandteil der Scheiterhaufen. So ist deren Entsorgung entlang der Elbe kein Problem. Jugendliche holen die mittlerweile nadelnden Bäume sogar aus den Haushalten ab.

Es gibt drei große Osterfeuer (auch Ostermond genannt) am Strand. Im Westen (Viereck), am Knüll und im Osten. Wohin man gehört, das entscheidet die Lage der Wohnung im Hanggebiet. Der Ehrgeiz aller besteht darin, das jeweils größte Osterfeuer zu bauen, was sich zur echten Konkurrenz entwickelt. Der Wettstreit ist erbittert, und die einzelnen Gruppen schrecken auch nicht davor zurück, zum Aufwerten der eigenen die Brennmateriallager der Gegner zu plündern, wenn man denn herausgefunden hat, wo diese liegen. Was natürlich für alle bedeutet, jedes Jahr ein neues Versteck zu finden. Es muss sicher sein und darf sich nicht dadurch verraten, dass konkurrierende Jugendliche sehen, wo man Holz anliefert. Je näher Ostern rückt, desto voller und damit wertvoller und besser bewacht wird das Lager.

Während die Jugendlichen danach trachten, ein möglichst großes Osterfeuer zu bauen, sind die Behörden darum bemüht, sie möglichst klein zu halten.

Es gibt alteingesessene Blankeneser, die noch heute davon berichten, wie sie sich in ihrer Jugend in der Zeit kurz vor Ostern auf dem Weg vom Haus der Eltern zur Schule am Kahlkamp durch den Hessepark schlichen, weil sie fürchteten, auf dem normalen Weg die Hauptstraße entlang abgefangen und so lange festgehalten zu werden, bis sie ihr Versteck verraten hatten. Was natürlich Schande mit sich brachte. In der Zeit vor Ostern waren die Jugendlichen untereinander verfeindet, aber das Jahr war ja lang, und freundschaftlich gemeinsam am Strand spielen konnte man immer noch.

Während die Jugendlichen danach trachten, ein möglichst großes Osterfeuer zu bauen, sind die Behörden darum bemüht, sie wegen der Feuergefahr zwischen den teils reetgedeckten Häusern möglichst klein zu halten. Weshalb alle Jugendlichen gemeinsam Behördenvertreter als ihre Gegner ansehen.

Besonders dann, wenn diese Auflagen machen, die gefühlt einfach niemand erfüllen kann, der ein Osterfeuer aufbaut. Dann zeigt sich Blankenese von einem Eigensinn, wie er im Laufe der Geschichte immer wieder auch bei anderen Konfrontationen mit der Obrigkeit zu beobachten war. So im Jahr 1988, als der

Den Aufbau der Osterfeuer organisieren die Jugendlichen selbst. Die Älteren unter ihnen sind mit ihrer Erfahrung anerkannte Autoritäten, auf die Jüngere gern hören. Immerhin verlangt der Aufbau eines respektabel großen Feuers einige Erfahrung. Und schließlich will man sich nicht vor den Urhebern der anderen Osterfeuer blamieren.

Man sollte sich nicht mit
Menschen anlegen,
die seit Generationen nicht nur
*den **Gefahren der See trotzen** ...*

Ortsamtsleiter verfügte, Brennmaterial dürfe nicht mehr mit Lastwagen angefahren werden, und Material, das am Ostersonnabend vor 13 Uhr am Strand lagere, werde von der Behörde abgefahren. Außerdem dürften die Feuerhaufen nicht höher als drei Meter sein. In nur drei Stunden ein Osterfeuer aufzubauen ist unmöglich, meinten die Jugendlichen und sagten die Feuer ganz ab. Was viele Menschen empörte, die zum Teil quer durch Hamburg gefahren waren, um ganz romantisch die Feuer am Elbufer lodern zu sehen. Von den Barkassenunter-

nehmern ganz zu schweigen, die Fahrten zu den Blankeneser Feuern angeboten hatten und nun enttäuschte und wütende Gäste an Bord hatten.

Also gab es Unterschriftensammlungen, große Berichte in der Lokalpresse und viele Leserbriefe. Und irgendwann gab es die 1559 zum ersten Mal urkundlich erwähnten Osterfeuer doch wieder. Einfach, weil sie zu Blankenese gehören. Dann kam Ärger von anderer Seite. Die Jugendlichen bauen die Osterfeuer auf, ohne organisiert zu sein. Aber große Menschenmassen kommen, in

manchen Jahren waren es 50.000, es gab immer mehr fliegende Händler mit Angeboten an Essen und Trinken, die während der Osterfeuer schnelles Geld verdienen wollen; Barkassenunternehmen bieten in jedem Jahr gut gebuchte Rundfahrten zu den Feuern an, kurz, das Umfeld wurde immer kommerzieller. An den Einnahmen waren aber die jungen Blankeneser nicht beteiligt, obgleich sie die Arbeit machten und auch Kosten für den Transport des Brennstoffs trugen. Gastronomiebetriebe, die während Ostern gute Umsätze machten,

sahen das ein und versorgen diejenigen, die aufbauten, mit Brötchen und Getränken. Als einige Jugendliche auch bei den Barkassenunternehmen anfragten, ob sie einen Zuschuss geben, stießen sie auf taube Ohren. Also zündeten die Jugendlichen die Feuer schon um 17 Uhr an. Als die Barkassen ankamen, waren die Feuer schon heruntergebrannt. Sehr zum Ärger der Fahrgäste, die viel Geld bezahlt hatten, um sie brennen zu sehen. Man sollte sich nicht mit Menschen anlegen, die seit Generationen nicht nur den Gefahren der See trotzen ...

Segeln zum Vergnügen

Die Blankeneser Segelclubs

Die Gründung eines Segelclubs lag mithin förmlich in der Luft, als sich am 17. September 1898 im Lokal »Elblust« am Strandweg 21 junge Segler trafen.

Segeln zum Vergnügen? Frühere Blankeneser Generationen hätten jeden für verrückt erklärt, der so etwas behauptete. Segeln, das war harte Arbeit, etwas für kräftige Arme und starke Muskeln. Es war ein harter Broterwerb, ganz gleich ob man zum Fischfang fuhr oder die kleinen Häfen entlang des Stroms mit Obst, Gemüse, Bausteinen oder den ersten Industriegütern versorgte.

Erst gegen Ende des 19. Jahrhunderts waren zwischen den breiten und seetüchtigen Ewern, Schonern und Briggs auch schlanke Fahrzeuge zu sehen, die gleich den Eindruck erweckten, sie eigneten sich nicht für Warentransport und Fischfang. Der Umschwung kam, nachdem das Deutsche Reich einen enormen wirtschaftlichen Aufschwung genommen hatte, die Menschen waren wohlhabend geworden und begannen ihre neu gewonnene Freiheit und Freizeit zu genießen. Jetzt hatten sie Freiräume, einem Sport nachzugehen.

Mit seiner Marinebegeisterung setzte der deutsche Kaiser Wilhelm II. Zeichen, entlang der Küste wurde Segeln zu einer beliebten und prestigeträchtigen Sportart. Zugleich zeichneten Bootsbauer leichte und wendige Sportboote.

Die jungen Blankeneser reizte es selbstverständlich, mit diesen Booten auszuprobieren, wer der Beste unter ihnen war. Sie riefen also ein »Jollen-Regatta-Commite« ins Leben, das als loser Zusammenschluss von 1896 an erste Wettfahrten organisierte.

Die Gründung eines Segelclubs lag mithin förmlich in der Luft, als sich am 17. September 1898 im Lokal »Elblust« am Strandweg, dem späteren »Schifferhaus«, 21 junge Segler trafen. Drei Stunden später war die Gründung eines Blankeneser Segel-Clubs beschlossene Sache. John Wichhorst wurde zu dessen erstem Vorsitzenden gewählt. Schon während dieser Sitzung einigten sich die Mitglieder auf den blau-weiß-roten Stander, wie er noch heute verwendet wird. In Hamburg gab es zu jener Zeit erst zwei Segelclubs, den Norddeutschen Regatta Verein, gegründet 1868, und den Hamburger Yachtclub von 1892. Beide Vereine hatten ihren Sitz an der Alster. An der Elbe war der BSC damit der erste Club. Ihm traten schon im ersten Jahr 143 Mitglieder bei.

Der erste aktive Segelsommer des Clubs im Jahr 1898 begann am 16. April mit dem Ansegeln und hatte Schulau zum Ziel. Als die Clubmitglieder die Segelsaison am 24. September mit dem Absegeln beschlossen, hatten sie vier Regatten auf der Elbe erfolgreich ausgerichtet.

In der »Generalversammlung« von 1899 beschlossen die Mitglieder, ihren Verein in das Vereinsregister eintragen zu lassen, was sie schließlich am 31. Dezember 1900 beim Vereinsregister des Königlich Preußischen Amtsgerichtes umsetzten. Der BSC erhielt die Registernummer 1 und ist damit der älteste eingetragene Verein Blankeneses. Zum Ersten Vorsitzenden des Clubs wählten die Mitglieder im gleichen Jahr Hans Breckwoldt.

In den folgenden Jahren gab es eine Reihe immer wiederkehrender Regatten, dazu gehörte die Wettfahrt um die Sände vor Blankenese, die bereits im Gründungsjahr vom »Jollen-Regatta-Commite« veranstaltet worden war und nun vom BSC weitergeführt wurde. An den Regatten im Elbrevier beteiligten sich regelmäßig 15 bis 20 Boote, darunter die typischen offenen Elbjollen. Diese Wettfahrten waren nicht nur sportliches, sondern auch ein gesellschaftliches Ereignis. Regelmäßig fuhr ein Begleitdampfer mit, der mehr als hundert Schlachtenbummler an Bord hatte. An den Zielorten in Lühe, Schulau, Twielenfleth, Brunshausen oder Kollmar wurde anschließend jeweils »großartig getafelt«, heißt es in alten Aufzeichnungen.

Wenn die Blankeneser segelten, standen immer einige Jungen am Ufer und schauten dem Treiben auf dem Wasser sehnsüchtig zu. Wenn sich Gelegenheit zum Mitsegeln bot, drängten sie sich geradezu auf. Als Reaktion auf diese Begeisterung gründete der BSC 1913

Der BSC erhielt die **Registernummer 1** *und ist damit der* **älteste** *eingetragene Verein Blankeneses.*

auf Initiative von Johannes Dreyer als erster Club im Hamburger Raum eine Jugendabteilung. Aufgenommen wurden zunächst nur Jungen. Sie begannen mit dem Mannschaftsrudern im Kutter und durften bei den Bootsbesitzern als Bootsjungen mitsegeln. Johannes Dreyer war den Jugendlichen schon vor Gründung der Jugendabteilung als »Onkel Hanne« ein vertrauter Berater in allen Fragen des Bootssportes gewesen. So ist es selbstverständlich, dass einer der Jugendkutter des Clubs heute in Erinnerung an diesen Mann ONKEL HANNE heißt.

Ein eigenes Clubhaus bekam der BSC 1913. Ein ehemaliger Kohlenschuppen am Strandweg war zu verpachten und wurde ein Jahr später für den neuen Zweck umgebaut. Der Club finanzierte das über Anteilsscheine sowie über Spenden einiger Gönner. Außerdem kaufte er für die Jugendabteilung im selben Jahr zwei Ruderboote sowie eine Gig, die als das »braune Boot« in die Vereinsgeschichte einging.

1914, kurz vor Ausbruch des Ersten Weltkriegs, erlebte die Elbe ein seglerisches Großereignis. Zur »Bundeswettfahrt anläßlich des 250jährigen Jubiläums der Stadt Altona« hatten 75 Yachten und Boote gemeldet. Eine so starke Regattabeteiligung hatte es bis dahin noch nie gegeben. Selbstverständlich waren auch BSC-Segler mit am Start.

Nach dem Krieg, im Jahre 1919, konstruierte Julius Behrmann eine Elbjolle mit Kajüte, die den Vorstellungen von Fahrtenseglern entsprach, weil sie bei ihren Fahrten im Elbrevier auch mal komfortabel an Bord übernachten wollten. Das Boot entsprach so sehr den Seglerwünschen, dass es binnen Kurzem nicht nur an der Elbe unter der Bezeichnung »Jollenkreuzer« zu einer schnell anwachsenden Bootsklasse wurde. Sie sorgte damit für einen Aufschwung bei den Regattameldungen und das Anwachsen der Vereinsflotte.

Die Blankeneser Mädchen wollten den Jungen mit ihren Wassersportaktivitäten nicht nachstehen, und so wurde auf Initiative von Grete Dreyer, die später als Ehefrau den Namen Tetzen trug, innerhalb der Jugendabteilung eine erste Mädchenmannschaft aufgestellt. Wieder einmal war dies einmalig im gesamten Hamburger Raum. In weißen Matrosenanzügen ruderten die Mädchen in einem eigens gekauften weißen Boot an Wochentagen auf der Elbe. Später nahmen sie an Sonntagstagesfahrten teil und waren bei allen Regatten des BSC dabei.

Ein Jahr später kaufte der Club das bereits seit der Vorkriegszeit gepachtete Bootshaus und versah es mit einer Slipanlage, damit die Eigner ihre Boote leichter zu Wasser bringen und wieder herausholen konnten. Regatten wurden sogar während der Inflationszeit ausgeschrieben, und die Meldegelder waren entsprechend astronomisch hoch – je nach Schiffsgröße wurden zwischen 25.000 und 50.000 Mark verlangt.

Mitte der 20er-Jahre gehörten sogenannte »Elbsegel-Wochen« zum festen Bestandteil der Wettfahrten im Revier.

Unterhalb von Baurs Park ist heute der Jollenhafen des Blankeneser
Segel-Clubs. Früher lagen die einzelnen Boote dort auf Reede.

Das Revier der Blankeneser Segler reicht nicht nur vom Süllberg bis nach Helgoland. Einige BSCer umsegelten sogar die Welt. Schnell entdeckten auch Mädchen den Spaß am Wassersport und »ruxen« mit Begeisterung, wie dieser Sport am Elbufer genannt wird. Es gibt heute einige Damen- und Herrenmannschaften, die regelmäßig auf der Elbe zu sehen sind.

Sie wurden von sechs Hamburger Segelclubs gemeinsam veranstaltet und waren sehr beliebt. Für 1926 ist die Teilnahme von 52 Yachten und Jollen überliefert

Das Jahr 1927 ist den jungen Seglern jener Jahre noch lange in Erinnerung geblieben. Johannes Dreyer, der beliebte Onkel Hanne, kaufte in Holland eine Boeieryacht, namens ROB. Es war ein Schiff, groß genug, um immer auch einige Mitglieder der Jugendabteilung mitnehmen und sie an Wochenenden und in den Ferien an die Fahrtenseglerei heranführen zu können. ROB, mit seinen typischen Seitenschwertern, wurde so etwas wie das Mutterschiff des BSC. Wo es lag, tauchten meist wenig später einige Jollen auf. Onkel Hanne verstand es einfach, die Jugendlichen für das aktive Segeln zu begeistern.

1928 konnte der BSC aus der Konkursmasse einer Bootswerft fünf gleiche Jollen der C-Klasse kaufen. Aus diesen Booten wurde drei Jahre später die D-Klasse als Einheitsklasse weiterentwickelt. Beide Bootsklassen sorgten als Einheitsklassen für einen weiteren Aufschwung beim Regattasegeln. Denn bei einer solchen Klasse mussten die Wettfahrtergebnisse nicht über eine Formel miteinander verrechnet werden.

Das Jahr 1931 war für die BSC-Segler ein trauriges Jahr. In einem Sommerorkan war im Öresund der 30-qm-Jollenkreuzer KLABAUTERMANN von Karl Basedow verloren gegangen. Der Skipper und seine drei Mitsegler kamen ums Leben. Da am selben Tag ein anderer Jollenkreuzer ebenfalls mit vier jungen Seglern an Bord unterging, sorgte dies im Deutschen Segler-Verband für heftige Diskussionen über die Eignung von Jollenkreuzern für Fahrten über See.

Die 30er-Jahre mit ihrer politischen Unruhe in Deutschland begannen für den BSC mit einem Rückgang der Mitgliederzahlen und einer Verkleinerung der Flotte. Lediglich die Jugendabteilung war davon nicht betroffen.

Der politische Umbruch von 1933 verlangte von Vereinen eine starke Anpassung an die neuen Verhältnisse. Schon ein Jahr später legte der langjährige Vorsitzende Willy Jürgens mit seinem gesamten Vorstand seine Ämter nieder. Sein Nachfolger hieß im Stile jener Zeit nicht mehr Vorsitzender, sondern »Vereinsführer«. Es wurde Fritz Rahloff. Nach dem seinerzeit geltenden Prinzip wurden die Vorstandsmitglieder nun nicht mehr gewählt, sondern vom Vereinsführer ernannt.

Zu Kaisers Zeiten lieferten sich stattliche Yachten ihre Wettkämpfe auch im Elbrevier.

Am 3. März 1934 richtete der neue Vorstand ein BSC-Fest unter der Bezeichnung »Luv und Lee« aus. Es waren die Namen von zwei Einhandbooten der Hummelklasse, die der BSC hatte bauen lassen. Bei dem Fest standen die Boote segelfertig aufgetakelt im Fährhaus Sagebiel und wurden verlost. Gewinnerinnen waren zwei Damen des Clubs, die die Boote sofort den jungen Seglern Alex Breckwoldt und Theo Tetzen zur Verfügung stellten. Am nächsten Morgen trug eine Reihe junger Segler die Boote mit vereinten Kräften Sagebiels Treppe hinunter zum Bootshaus. Die beiden glücklichen Segler machten noch am selben Tag trotz der noch winterlichen Kälte ihren ersten Probeschlag auf der Elbe.

Der Segelsport war in jenen Jahren gleichgeschaltet, es gab gemeinsames An- und Absegeln aller Elbvereine und eine Elbe-Gruppen-Wettfahrt im Frühjahr und Herbst. Der BSC veranstaltete aber nach wie vor als eigene Wettfahrt die Sandregatta. Die Einheits-Elbjollen der D-Klasse wurden in die Klasse der H-Jollen in den Deutschen Segler-Verband eingeordnet und brachten einen Aufschwung für diese Klasse, die innerhalb kurzer Zeit auf 34 Boote anwuchs. Eine solche Zahl wurde erst nach dem Krieg von der Piratenklasse übertroffen. Mit diesen Jollen waren Segler des BSC in jedem Jahr bei Regatten auf der Elbe und bei der Kieler Woche vertreten. 1938 hatte der BSC 311 Vollmitglieder, 128 Jugendliche und eine Flotte von 67 Booten.

Der Zweite Weltkrieg brachte starke Einschnitte in die Aktivitäten des Clubs. Die Regatten auf dem Mühlenberger Loch mussten 1940 eingestellt werden, weil diese Wasserfläche als Start- und Landebahn für die in

Das Bootshaus des BSC ist ein Treffpunkt für Jugendliche, an dem sie ihre Kutter pflegen, sie im Winter einlagern, aber auch Feste feiern, bei denen sie unter sich sind.

Finkenwerder gebauten Wasserflugzeuge benötigt und zum Sperrgebiet erklärt wurde.

Nach dem Zweiten Weltkrieg mussten alle Vereine in Deutschland politisch unbelastete Notvorstände ernennen, Hermann Fritz Rahloff als ehemaliges Parteimitglied galt als belastet. So übernahm Theodor Tetzen den Vorstand. Schon im Sommer 1945 wurde der Hamburger Verband für Leibesübungen ins Leben gerufen, der am 4. September desselben Jahres die Vereinsvorsitzenden zu einer ersten Besprechung lud. Ihrem Sport nachgehen aber konnten die Segler noch nicht. Allen privaten Organisationen und Menschen war der Verkehr mit Wasserfahrzeugen verboten. Die beiden

Clubsharpies ONKEL HANNE und KLAUS MATTHIAS hatte zudem eine britische Militäreinheit beschlagnahmt. Erst Jahre später gab es für sie Entschädigungen.

Ab 1. Juli 1946 wurde das Segeln wieder erlaubt, allerdings mit erheblichen Einschränkungen. Auf der Unterelbe war nur das Gebiet zwischen Blankenese und Glückstadt freigegeben, alle Boote mussten große Registriernummern tragen.

Als am 14. September 1946 das Versammlungsverbot aufgehoben worden war, trafen sich die BSC-Mitglieder zu ihrer ersten Nachkriegsversammlung. Sofort änderten sie die Satzung, der Vorstand sollte in Zukunft wieder nach demokratischen Prinzipien gewählt werden.

Eine erste Regatta wurde 1947 wieder im Hausrevier auf der Elbe ausgetragen. Die Regattabahnen waren jedoch stark eingeengt, denn das Mühlenberger Loch lag voller Wracks aus dem Hamburger Hafen. Man hatte sie im Zuge der Räumungsarbeiten aus den Hafenbecken einfach auf die nächste größere verfügbare Wasserfläche geschleppt und dort abgesetzt. Erst als der Hafen wieder betriebsfähig war, räumte man nach und nach die Wracks aus dem Mühlenberger Loch.

1948 wurde das Regattarevier vor Blankenese noch einmal gesperrt. Nun starteten dort Wasserflugzeuge, die unter anderem während der Blockade Berlin mit Lebensmitteln versorgten. In der Stadt an der Spree landeten sie auf dem Großen Wannsee und entluden die begehrten Waren.

Die Sperre galt auf der Elbe oberhalb von Wittenbergen. Wer von Blankenese aus segeln wollte, musste sich einem der Schleppzüge anschließen, die an jedem Wochenende zwischen Hamburg und Wittenbergen von Seglern organisiert worden waren.

Auf Pontons unterhalb von Baurs Park lauerten immer einige Jugendliche, um Segler zu ihren auf Reede liegenden Booten überzusetzen. Besonders freuten sie sich über eine Einladung zum Mitsegeln.

Die Zeiten waren immer noch schwierig, als der BSC 1948 sein 50-jähriges Bestehen feierte. Der Club schrieb eine Regatta von Wittenbergen in Richtung Unterelbe aus und gab ein Fest in Sagebiels Fährhaus. In der Einladung dazu war zu lesen, dass die Mitglieder für das Festessen Lebensmittelmarken für 100 g Fleisch, 15 g Fett und 20 g Zucker mitzubringen hatten. Trotz allem war das Fest gut besucht.

Noch im gleichen Jahr kauften die BSCer einen Marinekutter aus der Vorkriegszeit, den sie 1949 nach gründlicher Überholung unter dem Traditionsnamen ONKEL HANNE in Dienst stellten. Einzelne Mitglieder bauten nun die ersten Boote der Nachkriegszeit, meist waren es Piratenjollen. Sie wurden bald die stärkste Klasse innerhalb des Clubs. 1950 verhalf diese Klasse dem BSC zum ersten großen Sieg der Nachkriegszeit – Horst Börcherts und Rudi Hoffmann gewannen die Deutsche Jugendmeisterschaft in der Piratenklasse. Das Bootshaus am Strandweg war tagelang über die Toppen geflaggt. Die entsprechenden Boote waren in jener Zeit vom Kieler Yacht-Club gestellt worden, um keine Transportkosten zu haben, nur ihre Segel hatten die Mannschaften aus ganz Deutschland selbst mitgebracht.

1957 gab es mehrere internationale Regatten auf dem Mühlenberger Loch. Mehr als 60 Piratensegler aus Dänemark, England und Holland kämpften neben deutschen Seglern um den Sieg. Bei der nächsten Internationalen Piratenregatta vor Blankenese kamen sogar zusätzlich Gäste aus Brasilien, Neuseeland, Jugoslawien und Norwegen sowie Schweden und der Türkei. Daneben waren die BSC-Regattasegler auch in fremden Revieren erfolgreich, so wie Alnwick Harmstorf, der in Sandhamn die Marblehead Trophy gewann.

Die Fahrtensegler steckten sich ebenfalls ihre Ziele in jedem Jahr weiter. Die weiteste Reise unternahm von 1964 bis 1967 das Ehepaar Ernst-Jürgen und Elga Koch: Mit ihrem Kielschwerter KAIROS segelten sie einmal um die Welt und wurden triumphal wieder auf der Elbe empfangen.

Während der Sturmflut im Februar 1962 stand das Bootshaus des BSC mannshoch unter Wasser, und viele Boote von BSC-Mitgliedern lagen zerschlagen auf dem Strandweg.

Wenig später wurde der 1952 begonnene Ausbau des Längsstacks vor Blankenese in Richtung Osten weitergeführt. Dabei nutzte man die Chance, die Bucht unterhalb von Baurs Park zu einem kleinen Hafen auszubauen, dem heutigen Jollenhafen. Der BSC hatte endlich einen eigenen Hafen bekommen. Ein eigenes Clubheim durfte er dort an Land aber nicht bauen. So entstand die Idee zum schwimmenden Clubponton. Zu dieser Zeit hatte der BSC das Glück, den pontonartigen Vorleger einer Bootsvermietung in Oevelgönne kaufen zu können, der ausgebaut wurde und 1968 fertig war.

Am 20. Oktober 1973 lag das Seebäderschiff WAPPEN VON HAMBURG am Blankeneser Bull'n. Es war vom BSC für die Feier seines 75-jährigen Bestehens gechartert worden. Selbstverständlich hatte der Club dieses Jubiläum nicht nur mit einer großen Feier begangen, sondern wie auch das Jubiläum des 100-jährigen Bestehens mit einer Reihe von sportlichen Regatten.

Für das Clubleben gab es 1989 eine wichtige Neuerung. Der vom Schiffbauer Heinrich Grube in Oortkaten gebaute neue Clubponton war fertiggestellt. Er bietet großzügigere Räume für die Gastronomie, einen großen Raum für Feiern und Versammlungen, ein Zimmer für die Versammlungen des Vorstandes, ein Büro für das Sekretariat und Lagerräume für Bootszubehör. Finanziert wurde der Ponton mit einer Umlage unter den Mitgliedern.

Dass Segeln eine Sportart nicht nur für junge Menschen ist, stellte 1995 Carl Rehder unter Beweis. Mit 84 Jahren war er während der Warnemünder Woche ältester aktiver Teilnehmer. Aber auch für die jungen Segler war das Jahr erfreulich – sie erhielten eine eigene J-24, ein ausgesprochenes Regattaboot. Das Boot wurde zwei Jahre später Hamburger Meister und belegte bei der Europameisterschaft ihrer Klasse im englischen Plymouth einen beachtlichen elften Platz. Damit hatten die Blankeneser sogar sämtliche englischen Mannschaften trotz deren Heimvorteil in einem schwierigen Revier hinter sich gelassen und waren das beste nordeuropäische Boot. Und das bei wenig Wind, was, die fünf Segler waren da ganz ehrlich, nicht gerade ihre Stärke war. Außerdem wurden sie in diesem Jahr holländischer Meister. Größte Herausforderung für die Mannschaft war die Teilnahme an der Weltmeisterschaft ihrer Klasse in Argentinien. Denn dort mussten sie sich gegen die weltbesten Segler ihrer Klasse behaupten.

1961 wurde der Mühlenberger Segel-Club gegründet. Beide Seglervereinigungen konkurrieren nicht miteinander, sie richten sogar einige Regatten gemeinsam aus. Es gibt Blankeneser, die Mitglieder in beiden Clubs sind. Ein gewisser Wettstreit besteht aber in der Jugendarbeit. Einige Blankeneser Eltern meinen, der MSC sei in der Hinsicht der bessere Verein. Aber auch im BSC hat die Jugendarbeit einen hohen Stellenwert und sportliche Erfolge aufzuweisen.

Mit den sportlichen, schlanken und schnellen Booten unserer Tage hatten die Sportboote des 19. Jahrhunderts wenig gemein. Aber die Segler hatten ihren Spaß, wie man an den Gesichtern sieht.

Legendäre Gastronomie am Elbufer

Die Alteingesessenen hatten schnell erkannt, dass sich mit den Erholungssuchenden Geld verdienen ließ.

Sich zurücklehnen, die Seele baumeln lassen, einfach auf den dahinziehenden Fluss schauen, die Gedanken den Schiffen in die Welt folgen lassen, all dies kann man in Blankenese, und das wissen nicht nur die Blankeneser. Es gibt Auswärtige, unter denen sich das auch längst herumgesprochen hat. So muss man an schönen Wochenendtagen den Strandweg für Autofahrer sperren, die dort ohnehin keinen Parkplatz finden würden – und stellt damit die Ruhe und Gelassenheit, die alle Motorisierten suchen, per Verbotsschild her.

Am besten baumeln Seelen dort, wo es Kaffee, Bier, Kuchen, Würstchen oder Besseres gibt. Für alle Bedürfnisse wird am Elbstrand gesorgt. Das war schon so, als die ersten Gäste noch mit Bussen oder Straßenbahnen kamen. Die Alteingesessenen hatten schnell erkannt, dass sich mit den Erholungssuchenden Geld verdienen ließ. Und unter denen wurden einzelne Lokale bald zu Legenden, die den Status eines Geheimtipps schnell verloren. Je größer die Städte wurden, desto mehr zog es die Menschen aufs Land. Blankenese mit seinen Fischern, reetgedeckten Häusern und winkligen Gassen gehörte dazu. Welchen Eindruck das auf Fremde machte und wie trubelig es dabei zuging, das notierte 1838 Professor Karl Witte aus Halle an der Saale. »Wir waren mehr als 200 Lustfahrende an Bord unseres Raddampfers. Auf unserem Schiff war Lust und Trubel, andere Kähne mit Musik fuhren um uns her. Wenn es bei uns einen Augenblick stille war, hörten wir Musik und Jubel aus unzähligen Schenken und Hotels am Ufer. Dieses Ufer nun stieg zur Rechten immer mehr zu Hügeln auf, die bis zum Gipfel von der reichsten und gesündesten Baumvegetation bedeckt waren. Dazwischen in ununterbrochener Reihe Hunderte von eleganten, zum Teil schlossähnlichen Villen, meist auf dem Rande des Abhangs. Auf dem Flusse, der wegen seiner Breite kaum vom Meer zu unterscheiden ist, kommende und gehende Seeschiffe der ersten Größe. Während der Kapitän von einer zwischen beiden Rädern hochgespannten Brücke die Schiffsbewegung lenkte, waren wir leider schon nach einer halben Stunde am Ziel.

Von dem Blankeneser Fährhause, zu dem man das Ufer steil emporklettern muss, überblickte ich noch einmal Strom und Küste und kaufte von diesem nördlichsten Punkt meiner Reise im Angesicht des von ihnen so oft genannten Buxtehude meinen Kinderchen ein paar Biskuits und Pfefferkuchen.«

Die Begeisterung für die Szenerie ist aus diesen Zeilen unschwer herauszulesen. Aber auch Einheimische haben hin und wieder Durst und das Bedürfnis nach einem guten Stammtischgespräch. Eine solche legendäre Gruppe waren die Kap Hoorniers. Damit waren zunächst nur Männer gemeint, die einmal als Kapitäne einen frachttragenden Windjammer ohne Maschine und nur mit der Kraft, die die Segel einfingen, um das sturmumtoste Kap an der Südspitze des amerikanischen Kontinents geführt hatten. Als diese legendären Gestalten immer seltener wurden, öffnete sich der »exklusivste Club der Welt« langsam auch für Männer, die nur Besatzungsmitglieder auf einem solchen Großsegler gewesen waren. Das reduzierte den Altersdurchschnitt ganz erheblich. Denn viele spätere Kapitäne hatten ihre Laufbahn als Schiffsjungen auf einem Segelschiff in der Kap-Hoorn-Fahrt begonnen.

Die salzwassererprobten Fahrensleute, von denen viele sich in Blankenese niedergelassen hatten, trafen sich anfangs zu einem sonntäglichen Frühschoppen auf dem Bull'n. Gast war dort auch der Schriftsteller Hans Leip, der die Stimmung im Gästebuch der Wirtschaft festhielt:

»Es dampft der Grog,
die Brösel qualmen,
und Bilder schweben mancherlei
von Meer und Glück und Inselpalmen,
und Shanties steigen fromm wie Psalmen.
Die Schiffe rauschen sacht vorbei.«

Paradeis ist eine Insel.

Weiß der Engel, wo im Ozean ...

Nun gut.

Der Blankeneser Bull'n

liegt genau an der Straße dahin.

Hans Leip

1972 zog die Gruppe in das Schifferhaus am Strandweg, das mit seinem maritimen, museumsähnlichen Ambiente die richtige Kulisse für seemännische Gespräche bot. Waren die Themen doch zu unglaubwürdig, dann tippte der Wirt mit seinem Knie gegen einem am Tischbein des Stammtisches verborgenen Schalter, und das über den Köpfen der Runde hängende Steuerrad begann, sich zu drehen.

Das maritime Ambiente verdankte das Schifferhaus Carl Eggerstedt, der eigentlich Friseur in der Hauptstraße war. Er übernahm 1902 das Lokal, das vorher als »Elblust« bekannt war, und gab bei zwei Modellbauern eine Anzahl von Schiffsmodellen in Auftrag. Über die Tür ließ er eine aus Zement gegossene Plastik eines Wikingerschiffes anbringen, nannte das Lokal »Schifferhaus« und sich selbst »Schifferwirt«.

Vor dem Schifferhaus stand einst eine Art Wintergarten, der von zwei Zwiebeltürmen gekrönt wurde. Gastwirt Franz Battke hatte den gläsernen Pavillon, den der Volksmund »den Glaskasten« nannte, bei Auflösung der Gewerbe- und Industrieausstellung im Jahre 1889 »auf Abbruch« erworben. Für die Ewigkeit war eine

Das »Schifferhaus« war bei Blankenesern ebenso beliebt wie bei auswärtigen Gästen. Der Wirt Carl Eggerstedt hatte eine Reihe von Modellschiffen bauen lassen, um das maritime Ambiente zu fördern. Von ihm stammt auch der Name Schifferhaus. Vorher hieß es Elblust. Der im Garten stehende Pavillon stammte von einer Industrieausstellung, die Türme zerstörte 1927 ein Sturm, dem Pavillon gab die Sturmflut von 1962 den Rest.

Blankenese, d.....
Gruss aus dem Schifferhaus.

Waren die Themen doch zu unglaubwürdig,
   dann tippte der Wirt mit seinem Knie gegen einen Schalter,
und das über den Köpfen der Runde hängende Steuerrad
      begann, sich zu drehen.

solche für die Dauer einer Messe gebaute Konstruktion nicht gedacht. Dafür aber hielt sie eine ganze Weile stand. Erst 1927 beutelte ein Sturm die Türme derart, dass sie abgerissen werden mussten. Der gläserne Pavillon wurde 1961 während eines schweren Sturms stark beschädigt, die schwere Sturmflut von 1962 gab ihm den Rest. Einer der legendären Wirte hieß Harro Thöne, der an der Legendenbildung selbst mitwirkte. Immerhin hatte er viel erlebt, war in Oevelgönne am Elbstrand aufgewachsen, hatte Bootsbauer gelernt, war auch Taucher und sogar Kapitän geworden. Das gab genug Stoff für eine Menge Döntjes und Erzählungen, von denen man nie wusste, wie viel davon Seemannsgarn war.

Heute sind an der Stelle des Schifferhauses Wohnungen. Die maritimen Ausrüstungsgegenstände, die an den Wänden und Decken hingen, fanden schnell ihre Abnehmer, einiges ging glücklicherweise in die Bestände der Begegnungsstätte Fischerhaus über und blieb so für die Nachwelt erhalten. Aber als Treffpunkt für die Einheimischen hat das Lokal eine spürbare Lücke hinterlassen.

Zu den legendären Gastronomiebetrieben an der Elbe gehört Sagebiels Fährhaus. Es war zunächst Unterkunft und Aufenthaltsraum für Passagiere und Fährpersonal, dürfte also von Anfang an auch eine Schankerlaubnis gehabt haben. Als Gasthaus wurde es über die Grenzen Blankeneses hinaus bekannt, nachdem Wilhelm Sagebiel den alten Fährkrug von der Witwe Mohrmann kaufte. Er hatte Erfahrung in der Gastronomie, immerhin hatte er bereits ein nach ihm benanntes »Etablissement« an der Drehbahn in Hamburg betrieben. Begüterte Hamburger Kaufleute kehrten gern bei Sagebiel ein und genossen von der Terrasse aus den herrlichen Elbblick.

Mit der Zeit bildeten sich Legenden. Eine berichtet, Kaiser Wilhelm hätte dort am 22. März 1878 seinen Geburtstag gefeiert. Stimmt aber nicht, in Wirklichkeit weilte seine Majestät an dem Tag in Berlin. Aber egal, die Legende reichte aus, um Gäste anzulocken.

Auch Adolf Hitler besuchte 1928 Sagebiels Fährhaus, kam 1930 noch einmal zu einer Kundgebung und 1931 zu einer nicht öffentlichen Parteiversammlung in das Lokal.

Eine wichtige Rolle spielte Sagebiels Fährhaus in dem Film »Große Freiheit Nr. 7«. Regie führte Helmut Käutner, die Hauptrolle war mit Hans Albers besetzt. Einige Szenen wurden tatsächlich im Sommer 1943 auf der Terrasse über der Elbe auf Agfa-Farbfilm am Originalschauplatz gedreht. Aber dann wurde Hamburg wegen alliierter Bombenangriffe zu unsicher, und das Filmteam wich in das Protektorat Böhmen und Mähren aus.

Der Elbblick war für Gaststätten in Blankenese die größte Attraktion, wie für das Café Schircks, von dem aus man auf die großen Dampfer schauen konnte. Bierseliger ging es dagegen in den Kneipen zu.

An der Johannisburg endete einmal die Straßenbahnlinie. Es gab auch ein Bahnhofshotel. Weitere Gastronomiebetriebe zogen sich entlang der Elbe bis nach Wittenbergen. Vielfach wissen wir nur noch von ihnen, weil die Wirte Postkarten drucken ließen.

Gruss aus J. Wiggers' Gasthaus, Wittenbergen bei Blankenese
Fernsprecher No. 51

Die Sache
MIT DEM BEGEHRTEN ELBBLICK

Elbblick ist nicht einfach der Blick auf einen Fluss. Elbblick hat Nuancen. Ihn zu haben lassen sich einige Menschen viel kosten. Und er erfreut sogar die Vermieter, denn selbst ein kleines Fenster, von dem aus man einen winzigen Abschnitt des Flusses sehen kann, treibt den Preis für eine Wohnung in die Höhe.

In einigen Fällen ist Elbblick ein Statussymbol. Das gilt für diejenigen Leute, die zu ihrem Besucher, der begeistert zu einem Schiff herausschaut, sagen »Ach, wissen Sie, wir schauen schon gar nicht mehr hin ...«

Elbblick kann aber auch eine Leidenschaft sein. Ihr sind Leute verfallen, die Schiffe und Reedereien auf den ersten Blick erkennen; die wissen, wann welches Schiff kommt, die morgens vom Bett aus auf den Fluss schauen, auf die Wellen und die Weidenbüsche am Ufer, um zu wissen, wie stark der Wind weht und wie das Wetter wird. Deren letzter Blick gilt abends noch dem Mond und seiner Spiegelung im Wasser. Solche Menschen haben Ferngläser auf den Fensterbänken, daneben den Tidenkalender und ein Buch mit Flaggen, in besonderen Fällen liegt dort sogar ein Schiffsregister.

Bei einigen Wohnungen und Häusern im Blankeneser Treppenviertel wurde der Elbblick mit einer Eintragung im Grundbuch garantiert. Die Bewohner solcher Grundstücke dürfen ganz legal Bäume kappen, wenn diese den Elbblick stören. Anwohner, die diese begehrte Eintragung nicht hatten, haben schon versucht, trotzdem Bäume zu kappen, und gehofft, nicht erwischt zu werden. Es gibt entlang des Ufers Erzählungen von heimlich eingeschlagenen Kupfernägeln, abgeschälter Rinde und ausgegossener Säure.

Vor dem Blankeneser Amtsgericht wurde sogar schon ein Fall verhandelt, bei dem ein Anwohner den begehrten Blick für Wohnungen verschaffen wollte, die verkauft werden sollten und bei denen der Eigentümer eine erhebliche Wertsteigerung erhoffte, indem er sogar Bäumen in einem Park zu Leibe rückte. Da es nachts am Elbufer still ist, griffen die Baumfrevler nicht zu Kettensägen, sondern unterzogen sich der Mühe, die gezahnten Metallblätter schweißtreibend von Hand durch das Holz zu ziehen. In dem bereits geschilderten Fall ging der Schuss ging aber nach hinten los: Nach der Tat erwirkte der Staatsanwalt für die fünf noch nicht verkauften Wohnungen sogenannte Arresthypotheken in Höhe von je 50.000 Euro. Das dämpfte das Kaufinteresse erheblich.

Wer nicht in die Natur eingreifen will oder kann, weil die sichtbehindernden Bäume in Nachbars Garten stehen, dem verbleibt die schöne Aussicht nur im Winter, wenn die Bäume keine Blätter mehr tragen. In Immobilienanzeigen werden solche Objekte mit dem Zusatz »Winterelbblick« angeboten. Wenn durch das Fenster nur ein kleiner Ausschnitt des Flusses im Winter zu sehen ist, dann ist die Formulierkunst der Makler noch mehr gefordert: »mit kleinem Elbblick im Winter ...« Wichtig ist bei Wohnungsangeboten ein anderer Hinweis: »mit unverbaubarem Elbblick.«

Wichtig für den Elbblick sind die Fenster. Die alten Blankeneser Häuser hatten noch kleine Sprossenfenster mit Flügeln, die sich nach außen öffneten. Stürmte der Wind die Elbe entlang, dann drückte er die Flügel gegen die Fensterrahmen und schloss sie damit nur noch dichter. Uneingeschränkter Elbblick aus den Fenstern war bei diesen Häusern nicht wichtig. Wichtig war es, die Fenster klein zu halten, damit im Winter nicht zu viel der kostbaren Wärme verloren ging. Außerdem arbeiteten die Menschen meist unmittelbar am Blankeneser Strand. Sie hatten damit den Fluss und seine Schiffe ohnehin ständig vor Augen. Moderne Häuser dagegen sind ganz bewusst für ungestörten Elbblick gebaut worden. Die Erfindung von Isolierglas machte große Fensterfronten ohne übermäßigen Wärmeverlust möglich. Es hatte aber auch etliche Bausünden zur Folge. Denn nun wurden in manche traditionelle Häuser moderne, dem

Elbpanorama angepasste Fenster eingebaut, zu allem Überfluss noch mit Aluminiumrahmen, die das ganze Haus verschandeln.

An solchen Sünden störte sich schon der Hamburger Kunsthistoriker Alfred Lichtwark, der 1886 Direktor der Hamburger Kunsthalle wurde. So sehr er sonst die Blankeneser Fenster bewunderte: »Von allen Orten an der Unterelbe zeichnete sich Blankenese durch eine sehr mannigfaltige und originelle einheimische Architektur aus. Ihr Hauptreiz lag in der Farbe; sie war in dieser Beziehung einfach mustergültig und hätte den Ausgangspunkt für eine neue ländliche Architektur der ganzen Umgegend, namentlich auch Hamburgs, abgeben können. Rothe Dächer, grüne Läden und Thüren, weiß gestrichene Fensterrahmen und Thür-Oberlichter bildeten den einen Typus. Waren bei Strohdächern die Wände geweißt, so strich man Läden, Fenster und Thüren ochsenblutroth oder grünblau. In allen Fällen waren Haus und Garten eine malerische Einheit von hohem Reiz. Cement und die Ornamente und Säulen, zu denen dieses Material eine geschmacklose Zeit verleitet, fehlten ganz. Dafür waren die Fenster von jedem Zwange frei und konnten nach den Lichtbedürfnissen des Raumes, den sie erleuchten sollten, behandelt werden. Ich habe in der ganzen Umgegend von Hamburg keine so interessanten und vorbildlichen Fensterlösungen gefunden wie in Blankenese. Was von Architekten und Maurermeistern an die Stelle gesetzt worden ist und noch gesetzt wird, hat den gediegenen Charakter des Ortes schon theilweise zerstört. Es ist alles nichts weiter als schwächliche geschmacklose Nachahmung schlechter Hamburger und Berliner Vorbilder. Dass

Elbblick hatten die Fischer in Blankenese, wenn sie in offenen Türen saßen und ihre Netze flickten. So behielten sie vom Fang heimkehrende Kutter im Blick, damit sie beim Anlanden der Fänge helfen konnten. In den Wohnhäusern dagegen waren die Fenster eher klein, damit nicht so viel Wärme verloren ging.

der weiteren Verwüstung des Charakters von Blankenese Einhalt geschieht, ist nicht bloß eine Frage des Geschmacks, sondern auch der Wohlfahrt. Je origineller im Sinne des alten Blankeneses der Ort bleibt, desto größer wird seine Anziehungskraft sein.«

Es gibt Straßen in Blankenese, die heißen Kiekeberg, verheißen also schon im Namen Weitblick. Aber trotzdem kann es sein, dass man dort gar keinen Blick auf den Fluss hat. Etwa weil man auf der falschen Seite wohnt und andere Häuser die Sicht versperren. Eine andere Straße heißt Grube, lässt also auf eine tiefe Lage schließen. Aber man hat die schönste Perspektive über die Elbe.

Elbblick ist je nach Standort sehr unterschiedlich. Er kann ebenso auf ein Industriegebiet gehen oder auf Elbinseln mit unberührter Natur. Wie der Blick auf die Elbe, die Landschaft und die Menschen einen neu Hinzugezogenen

verändert, das hat der Schriftsteller Norbert Jacques in den 30er-Jahren des 20. Jahrhunderts am eigenen Leib erfahren. Seiner Fantasie ist der Charakter des Dr. Mabuse entsprungen, einem Genie, das mit seiner Energie und Genialität Verbrechen begeht.

In dem Buch »Mit Lust gelebt. Roman meines Lebens«, der 1950 in Hamburg erschienen ist, beschreibt Jacques seine Annäherung an das Blankeneser Elbufer: »Ein Abendschiff führte mich das erste Mal elbabwärts und setzte mich an einem Ort aus, der wie ein italienischer Traum aus dem Süden in das maßvolle Land her geweht schien. Sonst liegen die Orte im Land wie von einer milden blonden Hand hin gestrichen. Aber hier war einer in Aufruhr geraten. Er erhob sich in die helle Nacht, mit Hunderten von Fenstern steil bergan gewürfelt, als sei er einen Hügel in der Toscana hinaufgeworfen. Es war Blankenese. Heute ist es in Hamburg miteinbezogen und fast völlig von ihm durchfärbt, sowohl von der Seite der Menschen, wie von der der Häuser aus. Damals war es eine noch abseits liegende Schrulle, von alten Kapitänen und Lotsen und jungen Seeleuten und ihren Bräuten und Schwestern bewohnt. Wenn ein Schiff aus der Welt hafenwärts daran vorbeifuhr und es waren Blankeneser Matrosen darauf, ›trischierten‹ sie ihren Heimatort an, indem sie dreimal ›Hipp hipp hurra‹ herüberriefen.« Norbert Jacques legte Wert auf den Elbblick: »Ich mietete ein Zimmer in dem schmalen gewundenen Krumdal, das mit Steinstiegen in die Höhe kletterte. Das Haus lag noch im Bereich des Blickes auf die Elbe. Es war das des Kapitäns Lange, der einen kleinen Dampfer nach Dänemark fuhr, und hatte seine alten Formen unter dem Schilfdach erhalten. Mein Zimmer, über dessen

Fenstern das Binsendach wie die Krempe eines Hutes vorragte, ging über die Ecke mit doppelten Fenstern aus kleinen Scheibenvierecken.«

Liebevoll beschreibt der Autor, was er durch diese kleinen Scheibenvierecke sah: »Mit zahllosen Schlüffen und Stiegen tropfte der Ort über Terrassen von den Höhen herunter und stieß unten an die Elbe. Die Gassen und Stiegen mündeten zwischen Mauern von Gartenhäusern, von denen noch die meisten nur das schilfbedachte Erdgeschoss hatten. Die alten Seebären, die schon außer Dienst waren, oder vom Dienst gerade nicht beansprucht wurden, gingen unten, wo die Gässchen auf den Strand stießen, drei, vier nebeneinander, zwischen den eng zusammengerückten Mauern stetig hin und her, drei, vier Schritte so, drei, vier Schritte zurück, als pendelten sie auf ihrer Schiffsbrücke. Ein paar Schritte weiter, außerhalb des Schutzes der Mauern, saugte der Sturm und griff in den flutenden Strom. Ein durch viele Decks erhellter großer Dampfer lief vorbei. Lange nachher überschlugen die Wellen seines Fahrwassers das Ufer. Ich stand außerhalb des Schutzes der Gasse, dem Sturm ausgesetzt, und wenn ein paar Augenblicke Windstille war, hörte ich die Schuhe der Pendelnden das Pflaster klopfen. Aber ich glaube nicht, dass ich sie jemals habe sprechen hören.« Eine schöne Beschreibung der Faszination Elbblick. Wer alles dies nicht hat, hat immer noch die andere Möglichkeit. Den Elbblick auf Zeit. In einem der vielen Restaurants an der Elbe. Und da kann man sich bei jedem Besuch wieder eine neue Perspektive suchen oder immer wieder zu der vertrauten und lieb gewordenen zurückkehren.

DANKSAGUNG

Eine Reihe von Blankenesern hat mit Erzählungen von Erlebnissen aus alten Zeiten zum Gelingen dieses Buches beigetragen. Besonderer Dank aber gebührt:

DIRK VON APPEN, der die Fotosammlung seines Vaters zur Verfügung stellte, mir viele Tipps gab über Schifffahrt auf der Elbe, der von seiner Arbeit in der Bergung berichtete und über das Sportsegeln im Elbrevier.

JAN SCHLEIFER, der von Osterfeuern erzählte, vom Segeln auf der Elbe und vom Blankeneser Brauchtum.

Außerdem stellte er Unterlagen aus seiner Sammlung zur Verfügung.

ULRIKE GEHRKE, die schon während der Schulzeit eine Jahresarbeit über Blankeneser Kinderspiele ausgearbeitet hatte und sie mir freundlicherweise zur Verfügung stellte.

HARALD HARMSTORF, der ausgiebig über seine Erinnerungen aus der Taucherei Harmstorf berichtete und seine Archive öffnete.

QUELLEN

Blankeneser Geschichten, Hamburg 2000

Svante Domitzlaff: *100 Jahre Blankeneser Segel-Club*, Bielefeld 1998

Heinz Dreyer: *Die alte Fähre in Blankenese im Wandel der Jahrhunderte*, Hamburg 1980

Richard Ehrenberg: *Aus der Vorzeit von Blankenese*, Hamburg 1897

Kurt Grobecker: *Elbegeschichten*, Bremen 2012

Hudemann/Maack: *Rund um den Süllberg*, Hamburg 1973

Kurt Ihlenfeld: *Das glückliche Ufer*, Hamburg 1970

Gustav Kirsten: *Allerlei Interessantes aus Blankenese*, Hamburg 1972

Gustav Kirsten: *Alt-Blankenese in 200 Bildern*, Hamburg 1912

Fritz Lachmund: *Blankenese*, Hamburg 1989

Fritz Lachmund: *Blankenese in alten Ansichten*, Hamburg 1989

Fritz Lachmund: *Das alte Blankenese*, Hamburg 1968

Jürgen Meyer: *150 Jahre Blankeneser Schiffahrt*, Hamburg 1968

Dieter Tetzen: *100 Jahre Jugendabteilung des Blankeneser Segel-Clubs*, Hamburg 2014

Tiedemann/Tietze: *Blankenese – Ein Mythos*, Husum 2007

Achim Wiegand: *Hamburg-Blankenese im Wandel*, Erfurt 2012

Eigel Wiese: *Das Elbufer*, Hamburg 2002

MELCHIOR LORICHS FLENSBVRGENSIS HOLSA TVS ANTIQVITATIS STVDI OSISSIM: FACIEBAT ANNO CHRIST: M·D·LXVIII·CA LEND: MART: